© 2019, Mac Kauka

Édition : BoD – Books on Demand,

12/14 rond-point des Champs-Élysées, 75008 Paris.

Impression : BoD - Books on Demand, Norderstedt, Allemagne

ISBN : 9782322170890

Dépôt légal : Mars 2019

« Vous ne pouvez rien faire que vous ne puissiez-vous imaginer faire. Une fois que vous avez rendu le processus de représentation conscient et délibéré, vous commencez à créer le moi que vous voulez être. »

Anonyme

Table des matières

PREFACE 11

AVANT-PROPOS 15

SORTEZ DE VOTRE ZONE DE CONFORT AINSI QUE DE LA ROUTINE 17

CHAPITRE 1 : LE SUBCONSCIENT EST UN PUISSANT POUVOIR CREATEUR 23

    COMMENT UTILISER LE SUBCONSCIENT, ET LE PREPARER A L'EFFORT DE CREATION POUR LA MANIFESTATION DE VOTRE DESIR 29

    10 ASTUCES POUR UTILISER VOTRE SUBCONSCIENT A VOTRE AVANTAGE 33

    PLAN D'ACTION 41

CHAPITRE 2 : LE POUVOIR DE LA VISUALISATION CREATRICE, DE L'AUTOSUGGESTION ET DES AFFIRMATIONS 47

    4 INGREDIENTS POUR RENDRE VOS VISUALISATIONS PUISSANTES . 54

    PLAN D'ACTION 61

    EXERCICE 63

CHAPITRE 3 : L'OBJECTIF EST LE POINT DE DÉPART DE TOUT ACCOMPLISSEMENT 65

    NOUS AVONS TOUS UN SYSTÈME INTERNE DE GUIDAGE ET UN INSTINCT DE SUCCÈS POUR ATTEINDRE NOS BUTS 70

    COMMENT SE FIXER UN OBJECTIF DE MANIERE EFFICACE 73

    LA METHODE **PAMIVOM** (Passion - Mission - Vocation - Métier) 75

    PLAN D'ACTION 78

CHAPITRE 4 : L'IMAGINATION EST LA SOURCE ET L'ATELIER DE TOUTE CREATION 81

LES AFFIRMATIONS POSITIVES 91

Mac KAUKA

AU DELA DE VOS LIMITES

Comment utiliser le pouvoir illimité de la visualisation créatrice pour dépasser toutes vos limites.

UN P'TIT MOT DE L'AUTEUR

Tout ce qui a été créé ou réalisé a d'abord commencé comme une idée dans l'esprit de quelqu'un. Habituellement, en réponse à un besoin ou à un désir, une idée s'est installée et la personne a commencé à concentrer son énergie mentale sur elle. L'idée s'est construite sur elle-même lorsque l'énergie mentale s'est infusée d'émotions. Cela a créé un désir énorme et l'esprit de la personne a sombré dans l'optique de trouver des moyens d'associer la vision à la réalité physique.

Des idées de « comment » et de « quand » ont été générées sur la base de cette visualisation initiale… et de cette boule de neige jusqu'à… la chaise sur laquelle vous êtes assis a été conçue ainsi ; le clavier de votre ordinateur a été conçu et construit de la même manière.

Chaque idée que vous mettez sur papier ou que vous lisez contient une réalité mentale composée d'images, de sentiments, d'expériences sensorielles imaginaires, etc. En fait, votre esprit crée actuellement des images basées sur ce que vous lisez ici. En ce moment, vous visualisez !

Bonne lecture et surtout bonne inspiration.

Allez au-delà de vos limites !!

PREFACE

Stephen Covey, dans son livre «7 habitudes des personnes extrêmement efficaces », a déclaré que la principale différence entre les animaux et les humains réside dans la conscience de soi et dans la capacité de choisir la façon dont nous répondons à tout stimulus. Tout comme moi, vous avez probablement déjà entendu parler de la visualisation et de votre réussite. Maintenant, la seule façon de vous imaginer avoir du succès consiste à prendre conscience de vous-même. Vous devez vous imaginer en tant que troisième personne. Par exemple, imaginez que vous êtes un propriétaire d'entreprise prospère, que vous remportez une médaille d'or aux Jeux olympiques, ou tout ce que vous voudriez accomplir. Les animaux ne peuvent pas faire cela. J'entends souvent des gens dire « visualisez-le », mais pour être honnête, je ne suis pas sûr que tous ces gens tirent le meilleur parti de la conscience de soi. Qu'y a-t-il derrière cela ? Pourquoi est-ce que les gens suggèrent cela ? Comment puis-je savoir que cela fonctionne ?

Je voudrais aborder cette question avec vous à travers ce livre, mais avant d'y répondre, je vous recommande de la mettre en pratique avant de rejeter ou accepter sa véracité. Comme disait Confucius : "Ce que j'entends, j'oublie, ce que je vois, je le comprends, ce que j'ai compris je le pratique".

Pour vous aider dans cette démarche, je vous suggère de vous poser ces quatre questions et tenter d'y répondre :

Posez-vous les questions suivantes :

1. Quelle vie est-ce que je veux vivre ?

Plus votre rêve est grand, plus le défi est grand. Quoi que ce soit que vous souhaitiez réaliser, imaginez-vous faire cela. Ne pas savoir où vous voulez être peut vous conduire à perdre le contrôle de votre propre vie. Avoir un rêve et y réfléchir peut créer ce besoin de réussite et susciter de la créativité et de l'imagination pour y parvenir. Cependant, rêver de faire soi-même des choses peut souvent être frustrant, car rêver ne veut pas dire que cela arrivera.

2. J'ai un rêve… et puis quoi encore ?

Le rêve donne de l'espoir. L'espoir est très puissant, car il ouvre une fenêtre sur les opportunités. L'espoir donnera le sentiment que votre rêve est réalisable. À ce stade, vous savez ce que vous voulez et vous savez que vous pouvez le faire.

3. J'ai de l'espoir, à présent que dois-je faire pour réaliser mon rêve ?

Travailler tous les jours dans le sens de votre objectif. Plus vous visez votre objectif, plus votre espoir grandit. Chaque obstacle que vous traversez vous indique que votre rêve est de plus en plus réalisable et que vous vous rapprochez du résultat. À ce stade, votre rêve devient une vision, une cible à atteindre. Lorsque vous travaillez dur, vous devez également penser à la façon dont vous réagiriez lorsque vous auriez finalement réalisé votre vision, quel genre de vie voudriez-vous vivre. Ce qui me conduit à la dernière et la plus importante partie de ce processus, à jouer le rôle.

4. Que dois-je mettre en place pour la réalisation de ma vision ?

Le pouvoir de jouer un rôle dans la réalisation de notre rêve est incroyable. Cela signifie être en mesure de créer l'opportunité de vivre la vie que vous voulez vivre maintenant, en vous imaginant comme si vous l'aviez déjà accompli. Laissez-moi alors à travers ce livre, vous donner toutes les clés pouvant rendre cet exercice efficace et productif pour vous.

AVANT-PROPOS

La visualisation scientifique ou créatrice, n'a rien à voir avec une croyance métaphysique ou spirituelle, il ne requiert pas non plus d'avoir foi en une quelconque force extérieure à vous-même. Il suffit tout simplement d'avoir une ouverture d'esprit, la connaissance de cette loi psychologique de l'imagerie mentale et surtout être bien disposé à essayer une pratique nouvelle. Vous jugerez vous-même de la pertinence de votre nouvelle connaissance une fois l'avoir expérimenté. Pour ceux qui auront choisi car croyez-moi, je vois déjà d'ici perdre une partie de mes chers lecteurs qui auront décidé que ça n'a aucun sens. Mais pour vous, continuez à pratiquer et à développer votre technique pour vous l'approprier, et très vite les changements que vous connaîtrez dans votre vie dépasseront certainement tout ce dont vous avez rêvé car la visualisation créatrice est " magique " dans le sens le plus authentique et le plus élevé du terme. Car nous nous mettons alors en harmonie avec les puissantes lois de l'univers et les utiliserons de la façon la plus consciente et la plus créative.

Laissez-moi maintenant vous expliquer le processus d'application de la visualisation : Les effets de notre nouvelle pratique ne se produisent pas de façon superficielle, sur la seule base d'une " pensée positive ". Il va impliquer exploration, la découverte et la modification de nos attitudes les plus fondamentales envers la vie. C'est pourquoi la pratique de la visualisation créatrice peut déboucher sur un processus de croissance profonde et significative. Et au cours de ce processus, nous découvrons au fur et à mesure les domaines dans lesquels nous sommes limités à cause de nos peurs et de notre attitude mentale négative à l'égard de la vie, et seulement alors la pratique de la visualisation peut entamer l'élimination des blocages et nous permettre de retrouver et de vivre notre état naturel de bonheur, d'harmonie, d'abondance, d'amour et de joie. Au départ, vous devez pratiquer ces séances de visualisation à des moments particuliers et dans des buts précis. Lorsque vous vous serez habitués à la pratique et que vous aurez pris confiance dans les résultats qu'elle apporte, vous verrez qu'elle devient partie intégrante de votre processus de pensée, un état de conscience naturel dans lequel vous savez que vous êtes constamment créateur de votre réalité.

SORTEZ DE VOTRE ZONE DE CONFORT AINSI QUE DE LA ROUTINE

Vous êtes peut-être assis dans le bureau en ce moment ou à la maison sur le canapé. Aujourd'hui, vous deviez peut-être vous lever tôt comme tous les jours pour aller au travail, ou peut-être revenez-vous d'une journée de cours épuisante.

Vous allumez la télévision ou Internet et passez le reste de la soirée à regarder des séries ou à naviguer sur le net. À un moment donné, votre esprit commence à vagabonder et vous commencez à penser, en regardant votre journée, votre semaine, votre mois, l'année écoulée.

Soudain, vous réalisez que vous faites la même chose tous les jours, jour après jour. Vous vous réveillez, vous allez au travail ou à l'école, vous revenez le soir, vous mangez, vous vous affalez devant la télé ou surfant sur le web. Peut-être êtes-vous l'une de ces personnes actives et fréquentez assudément la salle de gym. Peut-être même que vous faites même partie de ces personnes diligentes qui semblent être au fait des choses.

Cependant, vous êtes-vous vraiment mis au défi ? Avez-vous vraiment essayé d'aller au-delà de vos limites, de faire quelque chose de mémorable et de vous mettre à l'épreuve ?

La plupart des gens ne le font pas. Beaucoup de gens sont réellement à l'aise de vivre une vie de routine et de sécurité. D'autres se rendent compte qu'il manque quelque chose, mais ils ont trop peur pour le changer, pour aller au-delà de leur zone de confort.

La vie ne doit pas nécessairement être comme ça. En fait, la vie ne devrait pas être comme ça.

BRISEZ VOS LIMITES MENTALES

Les gens sont souvent entourés de frontières, dont la plupart sont des barrières mentales qu'elles créent elles-mêmes. Ils justifient ensuite cela en utilisant des excuses du genre pas de temps, pas d'argent, pas de talent... cela serait impossible...

Impossible n'est qu'un état d'esprit. Beaucoup de choses que les gens pensent impossibles sont en fait possibles. La seule chose que vous devez faire pour les atteindre est de faire un petit effort (bien, parfois beaucoup).

Pensez à ce que vous pensiez impossible de faire, des choses que vous pensez ne jamais être en mesure de réaliser et demandez-vous qu'ont les autres qui réalisent ces choses extraordinaires. Qu'ont-ils de plus que vous ? Absolument rien sinon qu'ils ont brisé les barrières limitantes de leur esprit.

Si nous regardons de plus près les choses... Est-ce vraiment si impossible que votre esprit le prétend ? Probablement pas. Si un humain l'a atteint, vous le pouvez aussi. Il s'agit simplement de repousser vos limites, d'aller au-delà de la petite boîte que vous avez créée pour vous-même.

Même si quelque chose n'a pas été fait auparavant, cela ne signifie pas que cela ne peut pas être fait. L'histoire est remplie de premières fois, quand quelqu'un a décidé qu'il était possible de faire quelque chose d'impossible et l'a fait.

COMMENT POUVEZ-VOUS FAIRE QUELQUE CHOSE QUE VOUS PENSIEZ AUPARAVANT IMPOSSIBLE ?

EQu'est-ce que vous avez toujours vraiment voulu faire et pensé que vous ne pourriez jamais le faire, que ce soit parce que vous pensiez que c'était trop difficile ou parce que vous étiez trop effrayé ? Visualisez-le. Pourquoi pensez-vous que c'est impossible à faire ? Est-ce que quelqu'un d'autre l'a fait ?

Je parie que si vous y réfléchissez un peu, vous vous rendrez compte que les choses que vous pensez impossibles ne le sont pas après tout. Certaines choses nécessitent une préparation intense, alors que d'autres sont aussi simples que la réservation d'un vol. Cependant, ils exigent tous de la détermination et des mesures concrètes. Mais le premier pas va consister, à ancrer profondément dans votre esprit que c'est possible. Et le chemin le plus facile reste la visualisation créatrice. L'objet de notre étude. Gardez l'esprit ouvert, comprenez notre récit intellectuellement et émotionnellement et appliquez l'enseignement que vous tirerez des informations ici dévoilées.

Tout le monde a des rêves et des objectifs. Cependant, très peu de personnes les atteignent réellement. C'est parce que la majorité d'entre nous ont laissé nos limites nous retenir. Ces limites prennent diverses formes. Des exemples sont l'incapacité physique, le doute, la peur ou un passé négatif. Lorsque vous rencontrez vos limites personnelles, vous ressentez une résistance. Cela rend tout plus difficile à accomplir. De nombreuses personnes dans le monde sont incapables de tenir le coup à ce stade. Par conséquent, ils abandonnent. Il est important d'apprendre à dépasser vos limites. Cela vous permet d'atteindre des objectifs plus élevés. Dans ce livre, nous allons voir le moyen le plus pertinent de vous inculquer l'idée que la réussite est aussi possible pour vous. Nous verrons comment dépasser vos limites et atteindre vos plus grands objectifs.

AJUSTEZ VOTRE ETAT D'ESPRIT

Le mental est la plus grande arme de nos arsenaux personnels. Il est capable de toute pensée et peut donc nous aider à accomplir tout ce que nous voulons. Pour beaucoup, cela les convainc d'abandonner quand le chemin devient trop difficile. Notre esprit nous protège instinctivement. Par conséquent, lorsque nous sommes confrontés à des difficultés imminentes, la première réponse consiste à abandonner. Si vous avez l'habitude d'accepter cela, vous deviendrez un lâcheur. Si cela est fait régulièrement, cela peut créer une limite et vous y maintenir. Pour atteindre vos objectifs, vous devez surmonter le désir d'abandonner. Cela peut être accompli en recherchant une personne dont vous admirez la résilience, telle que votre modèle, une star de cinéma, vos parents ou votre mentor. Regardez comment ils surmontent le désir d'abandonner. Ensuite, vous pouvez vous imaginer dans vos visualisations faire la même chose chaque fois que vous rencontrez des difficultés et que vous avez l'impression de renoncer. Vous allez finir par convaincre votre subconscient que vous aussi vous êtes capables de dépasser vos limites.

VISUALISEZ-VOUS A L'ETAPE SUIVANTE

L'une des activités les plus importantes à accomplir pour dépasser vos limites est de rester concentré. La visualisation est un outil pratique que vous pouvez utiliser pour obtenir cet effet. Vous devez vous concentrer sur ce que vous voulez afin de vous motiver à poursuivre votre plan en dépit de vos limites imaginaires. Nous savons souvent ce que nous avons vécu et où nous en sommes actuellement. Cependant, nous savons rarement exactement où nous devons aller. Prenez le temps d'imaginer où vous voulez être à un moment donné dans l'avenir. Visualisez ceci le plus souvent possible. Cela vous motivera à sortir de votre zone de confort et à atteindre vos objectifs.

ETABLISSEZ DES OBJECTIFS CLAIRS

Il est essentiel d'avoir des objectifs clairs, mais il n'est pas nécessaire de voir tout le long du chemin. Tout ce que vous devez voir, c'est l'étape suivante ou les deux. Pour ce faire, vous devez avoir des jalons clairs ou une liste de points de contrôle. Vous avez également besoin des outils nécessaires pour réaliser cette étape. Un calendrier strict est également essentiel pour le succès. Dernier point mais non le moindre, vous avez besoin d'un système d'assistance pour rester concentré. C'est un moyen facile de gérer un grand rêve. Par conséquent, travaillez pour établir un plan d'action clair pour la prochaine étape et suivez-le. Cela vous aidera à dépasser progressivement vos limites et à atteindre vos objectifs.

CHAPITRE 1 : LE SUBCONSCIENT EST UN PUISSANT POUVOIR CREATEUR

« Les pouvoirs du subconscient sont nombreux, les principaux étant l'intuition, l'émotion, la certitude, l'inspiration, la suggestion, la déduction, l'imagination, l'organisation et bien sûr, la mémoire et l'énergie dynamique. C'est une entité distincte, il possède une fonction et des pouvoirs indépendants, une organisation unique qui lui est propre et il mène une existence étroitement liée au corps physique, bien qu'il soit indépendant du corps. Il fonctionne mieux lorsque les sens objectifs sont calmes. Il peut travailler pendant les heures de veille et pendant le sommeil. »   Claude M. BRISTOL

Vous n'avez qu'un seul esprit, mais cet esprit possède deux fonctions. Que cet énoncé ne vous intimide guère. Je vous propose dans ce chapitre d'établir cette distinction de façon claire et compréhensible.

Chaque phase de votre esprit est douée de propriétés particulières et est capable d'une action indépendante. Ici nous parlerons alors de plans de conscience. Dans ce chapitre, vous apprendrez non seulement à reconnaître le rôle de chacune de ces phases, mais aussi à vous en servir de manière synchrone, harmonieuse, paisible et en conséquence, vous manifesterez l'harmonie, la santé, le bien-être, l'amour et l'abondance dans votre vie. Nous utiliserons à présent les termes "esprit objectif" et "esprit subjectif" pour désigner les deux fonctions de votre esprit. Si vous êtes plus enclins aux appellations scientifiques optez pour "esprit conscient" et "esprit subconscient". L'esprit objectif ou conscient interagit avec le monde objectif au moyen des cinq sens objectifs, tandis que l'esprit subjectif, ou subconscient a pour premier rôle de prendre soin de tous vos organes vitaux et ceci même pendant que vous dormez profondément. Il se charge entre autres de votre respiration, de votre circulation sanguine, il assure que votre cœur fonctionne parfaitement, de même que les autres appareils essentiels de votre corps. Il est cette intelligence qui se manifeste dans tous les états et conditions subjectifs tels que l'inspiration, l'intuition, la guérison et les solutions aux problèmes. Alors que votre esprit conscient est le gardien du temple subconscient. Il est votre guide dans vos interactions avec l'extérieur. Il apprend grâce à nos cinq sens, mais aussi par l'observation, l'expérience et l'éducation. Il est le siège de l'intelligence et de la raison et par conséquent il opère selon la méthode inductive c'est à dire en se basant sur l'expérimentation. Il peut accepter, ou refuser une suggestion. Il peut également discriminer ou dénaturer. Tandis que l'esprit subjectif qui est le siège des émotions est totalement incapable de procéder au choix, il acceptera toute suggestion, si fausse qu'elle soit et l'ayant acceptée, en déduira les conclusions normales jusqu'au plus infime détails avec une implacable logique.

Il s'ensuit que l'esprit subjectif ou le subconscient est toujours au service de l'esprit objectif ou du conscient : avec une fidélité minutieuse, il reproduit et accomplit tout ce que lui inculque l'esprit objectif. Il est sensible aux suggestions de ce dernier et se laisse contrôler par la suggestion. Comme nous avons déclaré plus haut, par les corollaires de la loi de la suggestion, il en est un qui veut que le subconscient ne se livre pas à des raisonnements inductifs, c'est à dire qu'il n'établit pas un mode de recherche en recueillant les faits, en les classant et en évaluant leur valeur relative manifeste. Son mode de raisonnement est purement déductif c'est à dire totalement incapable de procéder aux choix et à la comparaison, il acceptera toute suggestion du conscient, si fausse qu'elle soit et, l'ayant acceptée, en déduira les conclusions normales jusqu'au plus infime détail avec une implacable logique.

En d'autres termes, l'esprit subjectif est le pouvoir créateur agissant dans l'individu. Son caractère impersonnel est démontré par son empressement à revêtir toute personnalité que lui suggère l'esprit conscient par la répétition continue. Ce qui rend absolument vrai l'axiome " notre corps est un agrégat de nos croyances ". Si nous croyons que le corps est sujet à des influences diverses échappant à notre contrôle et que tel ou tel symptôme indique l'activité en nous-même de l'une de ses influences incontrôlables, cette conviction s'imprime sur l'esprit subjectif qui, de par la loi de sa nature, l'accepte sans discussion et se met à façonner en conséquence des conditions corporelles de même nature que celles entretenues. Le fait que le subconscient est le seul guérisseur qui soit est aujourd'hui universellement accepté. Une littérature plus avancée à propos de ce sujet existe un peu partout, mais en ce qui nous concerne voyons voir comment la connaissance de ce principe et surtout comment son utilisation est impérative pour la réussite de vos plans. Nous allons vous montrer que le subconscient est le principe par excellence pour vous réinventer totalement et devenir la meilleure version de la personne que vous décidez devenir.

Le subconscient est le champ de la conscience où sont classées et enregistrées toutes les impulsions de la pensée qui parviennent à la conscience par la médiation des cinq sens. Il reçoit et classe les sensations ou les pensées, quelle qu'en soit la nature. En d'autres mots c'est le maillon fort de votre mécanisme de succès.

Vous pouvez faire pénétrer dans votre esprit subjectif tout plan, toute pensée ou tout objectif que vous souhaitez voir se concrétiser dans votre vie. Ici l'importance capitale qu'il faudra graver dans votre esprit est de savoir que votre subconscient ne reconnaît pas le réel du synthétique. Autrement dit, vos images mentales seront interprétées de la même manière que vos expériences réelles. D'où l'importance d'une contemplation continue de l'image mentale que vous souhaitez rendre tangible. De ce fait, les désirs colorés d'affectivité et associés à la confiance en vos capacités sont imprégnés de force et de vitalité et s'impriment dans votre esprit comme expérience vécue. C'est pourquoi ils sont les premiers auxquels réagit le subconscient. On ne répétera jamais assez que 95% de votre réalité est conditionné par lui, je vous laisse alors deviner l'importance de le nourrir d'émotions saines et d'images mentales positives. Cette phrase d'Emile Coué me revient pour confirmer cette tendance. Elle dit que, chaque fois que votre imagination rentre en conflit avec votre raison, l'imagination le remporte tout le temps la main haute car, la raison vient de la volonté tandis l'imagination trouve sa force dans le subconscient.

Sans que l'on sache comment, le subconscient fonctionne nuit et jour car, quand vous dormez c'est lui qui vous maintient en vie, fait fonctionner vos organes, effectue le travail de renouvellement de vos tissus etc... En fait d'après les neurosciences, c'est là où son travail est le plus efficace. Vous ne pouvez pas totalement contrôler le subconscient car non seulement il est situé à un plan supérieur, mais il est aussi le siège de vos habitudes et croyances profondes, il est relié à l'intelligence universelle ou si vous voulez aux champs de tous les possibles ou de la sagesse infinie. Par contre, c'est un fidèle servant de l'esprit conscient comme nous l'avons expliqué plus haut, et par conséquent est toujours à l'affût de vos ordres par le biais de vos images, émotions, paroles ou tout simplement vos pensées prédominantes. Vous pouvez donc à travers vos exercices de visualisation et d'affirmations, lui transmettre les plans, désirs ou objectifs que vous souhaitez voir se concrétiser. Reportez-vous au chapitre traitant de ces techniques.

Votre cerveau est construit pour renforcer et réguler votre vie. Votre subconscient à ce qu'on appelle une impulsion homéostatique, qui régule des fonctions comme la température corporelle, le rythme cardiaque et la respiration. Brian Tracy l'expliquait ainsi : "Par l'intermédiaire de votre système nerveux autonome, [votre impulsion homéostatique] maintient un équilibre entre les centaines de substances chimiques contenues dans vos milliards de cellules, de sorte que l'ensemble de votre machine physique fonctionne parfaitement la plupart du temps."

Mais ce que beaucoup de gens ne réalisent pas, c'est que, tout comme votre cerveau est conçu pour réguler votre moi physique, il essaie de réguler votre moi mental. Votre esprit filtre et porte constamment à votre attention des informations et des stimuli qui affirment vos croyances préexistantes (connu en psychologie comme un biais de confirmation), tout en vous présentant des pensées et des impulsions répétées qui imitent et reflètent ce que vous avez fait dans le passé.

COMMENT UTILISER LE SUBCONSCIENT, ET LE PREPARER A L'EFFORT DE CREATION POUR LA MANIFESTATION DE VOTRE DESIR

Dans un premier temps, il serait judicieux de noter que le subconscient se situe dans un éternel « maintenant » et dans un perpétuel « ici ». Il ne fait pas non plus de différence entre le réel et l'imaginaire.

Pour établir le contact entre votre souhait et le subconscient, une infinité de possibilités s'offre à vous. Dans un premier temps, il vous faut admettre la réalité de son existence et de ce qu'il peut faire pour vous. Seulement alors, vous comprendrez les possibilités qu'il offre comme créateur ou médiateur de transmutation de vos désirs en une réalité tangible et vous utiliserez de manière confiante la technique de visualisation et de l'autosuggestion ci-dessus suggérée. Vous comprendrez également l'importance qu'il y'a de clarifier vos désirs de manière précise et par écrit, tout comme vous comprendrez la nécessité de faire preuve de persévérance dans l'exécution de ces instructions.

Votre subconscient est une force puissante avec laquelle il faut compter. Il représente environ 95% de votre puissance cérébrale et gère tout ce dont votre corps a besoin pour bien fonctionner, qu'il s'agisse de manger et de respirer, de digérer et de créer des souvenirs.

C'est un être très étrange quand on y pense. L'esprit subconscient n'est pas créatif, il ne comprend pas les blagues et il peut se souvenir de tout ce que vous avez déjà fait, dit ou vu. Les 5% restants de votre cerveau, l'esprit conscient, sont le seul but d'interagir avec le monde physique.

Cependant, en prenant le contrôle de votre subconscient, en devenant conscient et en phase avec lui, vous pouvez être sûr de reprendre le contrôle de votre vie et de réaliser essentiellement tout ce que vous voulez. En effet, lorsque votre subconscient et votre esprit conscient travaillent ensemble pour atteindre un objectif commun, vous pouvez croire que cela se produira.

Votre subconscient est votre serviteur loyal, cependant veillez à la nature des ordres que vous lui transmettez. Si vous faites tout ce qui est en votre pouvoir pour ancrer en vous, solidement et définitivement, avec une confiance et une conviction sans faille, l'idée que vous allez réussir et réaliser votre désir, alors votre subconscient en prendra acte et emmagasinera cette idée. Si vous avez ancré cette idée si fortement qu'elle est devenue l'idée dominante de votre subconscient, elle influera sur les autres idées et sur les autres informations qui y sont enregistrées. Quand vous avez imprimé à votre subconscient cette nouvelle direction, il commencera à rassembler des informations et, par la médiation de votre intelligence créatrice, vous constaterez qu'il vous vient des idées et des plans plus nombreux et meilleurs pour atteindre votre but. Ceci n'est possible que par la répétition, la constance et l'habitude. Il faut que vous affirmiez par la déclaration orale et par écrit votre objectif et que vous le répétiez à haute voix tous les jours en étant absolument convaincu que vous pouvez l'atteindre. Il faut que vous réussissiez à vous représenter, de façon très nette, en train de le réaliser. Votre comportement doit être celui de quelqu'un qui a déjà réalisé son objectif et ceci doit être votre conduite de tous les jours. Si vous vous engagez sérieusement dans cette démarche, votre façon de penser et d'agir s'en trouvera changée, votre subconscient fera tout pour transmuter votre désir en réalité, il sera obligé de s'aligner sur votre nouvelle croyance et les événements, circonstances et conditions devront suivre car ils ne sont qu'une projection de votre attitude.

Souvenez-vous bien cependant que votre subconscient fonctionne, que vous fassiez ou non des efforts pour l'influencer. Ce qui signifie que les pensées de peur, de limitations, de pauvreté, de manque d'estime de soi et toutes les idées négatives l'affecteront si vous ne maîtrisez pas ces impulsions et si vous ne lui fournissez pas une alimentation plus dynamique allant dans le sens de vos souhaits.

Le subconscient n'est jamais inactif. Si vous ne lui donnez pas de direction par la médiation de vos désirs et états mentaux, il se nourrit de pensées qui sont le produit de votre manque de concentration. Les pensées positives, tout comme les pensées négatives, parviennent continûment à votre subconscient. Ces pensées émanent de quatre sources : - le conscient des autres - votre subconscient - le subconscient des autres - et le champ des potentialités où l'intelligence universelle. A chaque instant, toutes sortes de pensées parviennent subitement à votre subconscient sans que vous vous en rendiez compte. Certaines sont négatives, d'autres positives. Et vous devriez consciemment et volontairement être en train d'essayer de stopper l'arrivée des pulsions négatives et tenter sérieusement d'insuffler à votre subconscient des impulsions de désirs positives.

Quand vous y serez parvenu, vous aurez en votre possession la clé qui ouvre votre subconscient. Vous serez, en outre, si totalement maître de cette porte, qu'aucune pensée indésirable ne pourra influencer votre subconscient. Tout ce que vous créez commence par une impulsion de la pensée.

Rien ne se crée qui ne soit d'abord conçu par la pensée. Par l'aptitude de l'imagination, les pensées se structurent en plans. Lorsque vous contrôlez vos pensées, vous contrôlez votre imagination, et seulement alors vous pouvez l'exploiter pour élaborer vos plans ou vous fixer des objectifs qui vous ouvriront les chemins de la réussite et du succès. Votre démarche doit dès lors se focaliser sur les chemins qui mènent à votre subconscient et surtout les moyens de l'amadouer pour qu'il fasse ce qu'il fait de mieux, vous mener à bon port de tout ce que vous pouvez concevoir dans votre esprit. Voici alors 10 astuces pour utiliser le pouvoir illimité de votre subconscient.

10 ASTUCES POUR UTILISER VOTRE SUBCONSCIENT A VOTRE AVANTAGE

Votre subconscient est le gardien de votre zone de confort. C'est également votre servomécanisme qui engendre systématiquement les actions vous menant au succès, au bonheur, à la complétude et à la guérison. Voici quelques façons de rééduquer votre esprit pour qu'il devienne votre allié et non votre ennemi.

1 – DONNEZ-VOUS LA PERMISSION DE REUSSIR

La première étape pour créer un changement massif dans votre vie ne consiste pas à croire que c'est possible, mais plutôt de savoir que c'est possible et de se donner la permission et vous dire que vous aussi vous avez droit à la plénitude, à l'abondance, à la prospérité et au bonheur. Vous devez intégrer le fait que vous méritez l'amour et tout ce qu'il y'a de meilleur. C'est ce qui changera votre vie. Vous allez devoir retourner à l'intérieur de vous et soigner toutes vos blessures. Pardonnez-vous et pardonnez à ceux qui vous ont offensé. Chérissez l'enfant qui sommeille en vous et déclarez-lui votre amour, votre protection et votre bienveillance. Et seulement alors, certains de vos blocages disparaitront par la même occasion et vous pourrez passer à l'étape suivante.

2 – VISUALISEZ VOTRE REUSSITE

Le premier facteur, et le plus important, que vous devrez prendre en compte pour puiser dans votre subconscient, pour réussir dans tout ce que vous voulez, est de visualiser ce que vous voulez ou quel est votre objectif. Selon une étude menée en 1996 à l'université de Michigan, 46% des patients ayant reçu des instructions en images étaient plus susceptibles de suivre leur programme de soins à domicile que le reste. Cette méthode peut marcher peu importe l'aspect de votre vie que vous souhaitez améliorer. Ça peut aller de l'éducation de vos enfants, l'amélioration de votre situation financière, ou pour vous lancer tout simplement dans une nouvelle aventure professionnelle.

3 – ENTOUREZ-VOUS DE GENS POSITIFS

Selon une étude menée par l'université de Yale aux états unis, chaque personne est la somme totale des cinq personnes qu'elle fréquente au quotidien. De ce fait, si vous évoluez dans un univers négatif et limitant, vous serez telle la personne conduisant sa voiture avec le levier sur point mort. Vous n'avancerez nullement. Assurez-vous alors que les personnes et objets que vous voyez et que vous touchez le plus souvent vous apportent de la positivité et de l'espoir. Gardez une note inspirante sur un post-it à côté de votre ordinateur. Arrêtez de suivre les personnes qui vous font sentir mal dans votre peau et suivez celles qui affichent constamment des messages de motivation et des idées intéressantes. Faites de votre fil d'actualité un lieu qui puisse catalyser votre croissance, au lieu de diminuer votre perception de votre valeur.

4 – VIVEZ VOTRE SUCCES DANS LE MOMENT PRESENT

Ici, il ne s'agit pas tant de se mentir mais de se déclarer les choses que vous savez possible car avec la méthode scientifique que vous détenez, vous savez que si vous gardez votre vision ferme, aucune force au monde ne pourra empêcher votre rencontre avec votre idéal. Dès lors, au lieu de dire : "J'espère le faire un jour", dites : "Je prépare une stratégie pour le faire maintenant". Au lieu de penser : "Je serai heureux quand je serai dans un endroit différent de ma vie", pensez : "Je suis tout à fait capable d'être heureux ici et maintenant, rien ne me retient." De cette façon, votre subconscient comprendra votre message et réunira les circonstances, conditions, synchronicités et personnes pouvant contribuer à votre croissance. Car souvenez-vous, le subconscient ne connait ni le futur ni le passé. Il vit dans un éternel présent. Donc pour qu'il comprenne, il vous faut lui parler sa langue et dans son temps c'est-à dire une affirmation ferme dans le présent.

5 – CREEZ UN ESPACE DE VISION MOTIVATIONNEL

Ici il s'agira de créer une sorte de routine motivationnelle. Un espace qui vous inspire et qui vous rappelle votre intention. C'est là où vous vous réfugiez pour vos moments de rêverie. C'est ce qu'on appelle de la visualisation créatrice nous y reviendrons dans les chapitres suivants. Pouvoir imaginer ce que vous voulez dans votre vie est absolument essentiel pour la créer, car si vous ne savez pas où vous allez, vous ne saurez pas quel chemin prendre en premier. Une fois que vous avez dans votre esprit une image parfaitement claire de ce que vous voulez et de la façon dont vous voulez vivre, vous êtes alors capable de commencer à le promulguer et à le créer car vous saurez reconnaitre les opportunités quand elles se présenteront. Si votre vision est floue ou partagée, vous serez incapable de prendre les mesures nécessaires et adéquates pour réaliser votre rêve. Que vous utilisiez un tableau, un blog, un bloc-notes ou un tableau de vision, associez des mots et des images qui représentent ce que vous voulez et comment vous aimeriez que les choses soient et regardez ces images constamment et plusieurs fois par jour. Le subconscient ne reconnaissant pas le réel du synthétique va vous amener à prendre les bonnes actions afin d'harmoniser ces images entretenues avec votre réalité physique.

6 – IDENTIFIEZ VOS BLOCAGES

Lorsque notre subconscient nous empêche de poursuivre quelque chose que nous aimons, c'est parce que nous avons une croyance contradictoire à ce sujet. C'est ce qui arrive souvent avec l'argent. Nous n'avons que trop entendu que l'argent était la source de tous les malheurs. De ce fait, bien des personnes cherchent à s'enrichir consciemment mais s'autosabotent inconsciemment. Pour identifier votre résistance, interrogez-vous. Demandez-vous pourquoi vous vous sentez mieux après la procrastination ou pourquoi obtenir ce que vous voulez vraiment pourrait vous mettre dans un endroit où vous vous sentirez plus vulnérable que jamais. Trouvez un moyen de répondre à ces besoins avant de poursuivre.

7 – NE VOUS LAISSEZ PAS AFFECTER PAR LE « COMMENT »

Les seules choses que vous ayez à faire, c'est de décider de ce que vous voulez, maintenir votre vision, avoir confiance quant à sa réalisation et poser des actions organisées. Le « comment » n'est pas de votre ressort. Ce sera le travail de votre subconscient qui organisera les événements de sorte que votre souhait vous parvienne de la meilleure des manières avec la moindre résistance possible. Généralement d'ailleurs, les choses nous arrivent par un canal que nous n'aurions jamais pu considérer. Soyez juste ouvert, attentif et prêt à recevoir le moment venu. Mille surprises attendent celui qui fait aveuglément confiance à son subconscient.

8 – AFFIRMEZ LE SUCCES, RESTEZ MOTIVE, SOYEZ INSPIRE….

Chaque matin, lorsque vous voyager avec le métro pour vous rendre à votre travail par exemple, écoutez un discours de motivation ou un podcast. Pendant que vous faites la vaisselle ou que vous conduisez, écoutez en fond sonore une émission motivationnelle en rapport avec le type d'entreprise que vous souhaitez entreprendre. Imprégnez votre vie avec autant d'affirmation et de motivation que possible. Vous aurez peut-être besoin d'entendre les leçons plus d'une fois, mais elles s'infiltreront dans votre cerveau au fil du temps et vous finirez par agir en fonction de la sagesse reçue de ceux qui sont là où vous voulez être. Lorsque nous affirmons santé, harmonie et paix, nous réorganisons les schémas négatifs de notre esprit subconscient. Si vous êtes malade, affirmez-vous que vous soyez en bonne santé. Si vous êtes triste, affirmez-vous que vous soyez heureux. Affirmer, c'est fondamentalement déclarer que quelque chose "est ainsi". La répétition d'une affirmation conduite l'esprit à cet état de conscience où il accepte ce que vous déclarez vrai.

9 – TENEZ UN JOURNAL DE GRATITUDE

Ce n'est un secret pour personne que montrer de la gratitude est bon pour vous. En plus d'être soutenus par la science, des personnes telles que le Dalaï Lama sont également de grands fans. L'une des meilleures façons de manifester sa gratitude au quotidien est de tenir un journal de gratitude. Chaque fois que vous écrivez dans votre journal de gratitude, vous vous entraînez. Cette pratique vous aide à entrer dans un état de gratitude chaque jour. La gratitude vaut votre temps, car c'est un antidote aux émotions négatives. "Vous ne pouvez pas ressentir de la peur ou de la colère tout en ressentant de la gratitude en même temps" nous dit Tony Robbins. Cultiver la gratitude vous aidera à promouvoir des sentiments de positivité, de paix et de joie sur une base régulière. Le meilleur moyen de maîtriser une nouvelle compétence ou un nouveau comportement est de pratiquer régulièrement. Cela ne prend que quelques minutes par jour. Quelle déclaration puissante que d'avoir de la gratitude pour quelque chose que nous n'avons pas encore obtenu. C'est ce qu'on appelle une foi absolue. Prenez l'habitude de ressentir de la gratitude d'abord pour ce que vous possédez déjà et ensuite pour ce que vous êtes sur le point de recevoir, c'est une méthode très puissante pour impressionner le subconscient.

10 – RELAXEZ-VOUS ET PARLEZ A VOTRE SUBCONSCIENT

Pendant l'état de veille, l'ego conscient agit directement sur l'esprit conscient, éveillé, tandis que pendant le sommeil, il agit entièrement dans le subconscient. Chaque pensée, désir ou idée qui entre dans le subconscient lorsque l'esprit s'endort sera imprimé sur le subconscient et provoquera des expressions correspondantes dans la personnalité. Il est donc extrêmement important d'éliminer toutes les pensées et tous les sentiments indésirables de l'esprit avant de dormir. Les heures de sommeil peuvent être utilisées dans le développement de tout ce que nous pouvons avoir à l'esprit, car tout ce que nous impressionnerons lorsque nous nous endormirons pénètrera dans le subconscient et l'incitera à exprimer les effets que nous désirons obtenir. Lorsque le subconscient est correctement dirigé, les résultats peuvent être assez remarquables. Par conséquent, ce sur quoi le subconscient travaille pendant le sommeil dépendra de ce à quoi nous pensons au cours de la journée, et surtout ce à quoi nous pensons durant les 15 dernières minutes qui précède notre sommeil.

L'exposé que nous venons de vous faire sur le subconscient devrait faire clairement apparaître que, si vous voulez faire fonctionner votre esprit subjectif, il vous faudra appliquer de façon coordonnée et dans leur intégralité, les dix astuces que nous venons de vous suggérer afin de créer une vie sur mesure, celle que vous avez choisi de vivre. Passons à présent au plan d'action afin d'avoir un aperçu pratique de la méthode étudiée. Adaptez-le selon votre personnalité et votre sensibilité.

PLAN D'ACTION

VOICI QUELQUES REGLES DU PROCESSUS DE PROGRAMMATION DE L'ESPRIT SUBCONSCIENT

L'un des moyens les plus efficaces de reprogrammer votre esprit subconscient consiste à visualiser exactement ce que vous désirez pour votre vie. Voici un exemple d'une telle vision : vivre dans une belle maison, avoir un nombre spécifique d'enfants, exercer le métier de ses rêves ou même gérer une entreprise en particulier. Lorsque vous visualisez des choses spécifiques, vous êtes en mesure de diriger votre esprit subconscient dans la direction souhaitée. Lorsque vous savez où vous allez, votre esprit subconscient vous y conduira. Voici alors quelques règles afin de communiquer à votre subconscient ce qu'il doit accomplir pour vous.

Règle 1 : SACHEZ CE QUE VOUS VOULEZ

Lorsqu'il s'agit de communiquer avec l'esprit subconscient, vous DEVEZ décider de ce que vous voulez améliorer. Vous devez être spécifique, mais pas trop spécifique, vous devez être rationnel dans votre demande (vouloir voler comme un oiseau n'est pas rationnel, mais vous pouvez le rendre rationnel si vous souhaitez suivre un cours de parachutisme) et vous DEVEZ vous concentrer sur cela, et uniquement cela ! Se concentrer simultanément sur différents sujets ne peut que dérouter votre esprit subconscient ; vous serez dispersés et c'est contreproductif.

Il est impératif d'avoir une vision très précise et claire. L'esprit subconscient ne répond pas aux visions génériques ou vagues. Les exemples tels que, "je veux avoir une grande vie" ou "je veux être riche." Ces visions ne peuvent pas être quantifiées car elles sont trop générales. En conséquence, il devient très difficile pour le subconscient de prendre les mesures appropriées pour atteindre ces visions. En tant que tel, veillez à transmettre des visions spécifiques, mesurables et précises à votre subconscient. C'est un moyen sûr de le reprogrammer pour vous donner exactement ce que vous désirez.

Par exemple, si vous souhaitez trouver votre âme sœur, concentrez-vous sur cela et évitez de l'étendre à d'autres domaines, tels que gagner plus d'argent, perdre du poids et surmonter l'anxiété. C'est formidable d'avoir des objectifs différents, mais vous devez vous concentrer sur un objectif à la fois. Cependant, certains objectifs n'exigent pas de reprogrammation de l'esprit subconscient, vous pouvez donc toujours définir votre objectif principal ainsi que d'autres objectifs qui ne nécessitent que de la pratique (comme obtenir un permis de conduire). Si vous avez plusieurs objectifs qui exigent un changement d'esprit subconscient, choisissez-en un qui est votre priorité principale.

Règle 2 : ECRIVEZ VOS OBJECTIFS

L'une des principales étapes pour réaliser votre rêve consiste à le diviser en objectifs. Ceux-ci devraient être quantifiables et réalisables. Pour reprogrammer votre subconscient, vous pouvez écrire 10 objectifs chaque matin après votre réveil ou juste avant de vous coucher, le soir. Le fait d'écrire vos objectifs vous aide à avoir un rappel visuel de ce que vous devez faire avant de réaliser votre rêve. En écrivant ces objectifs, votre subconscient commence à travailler pour les atteindre. Il est important de savoir que cette partie de votre esprit ne juge pas. Par conséquent, il ne peut pas dire ce qui est fictif ou ce qui est réel. Cela vous donne la liberté de visualiser des rêves aussi hauts que possible. Votre subconscient va vous surprendre en les manifestant pour vous.

Règle 3 : RELEVEZ BIEN VOS LACUNES

Lorsque vous choisissez votre objectif principal, vous devez instaurer un dialogue interne avec vous-même afin de trouver les obstacles qui vous semblent venir de l'esprit subconscient cause principale de vos lacunes et échecs. Par exemple, une femme qui veut trouver son partenaire idéal : elle a besoin de se parler, honnêtement, sans masque, sans excuse pour déterminer ce qui l'empêche de rencontrer la personne idéale. Peut-être qu'elle est trop dépendante et que les partenaires potentiels s'en vont, elle doit donc également s'occuper de cette question, ainsi que de son objectif principal.

Lorsque vous dialoguez avec vous-même, vous devez vous poser les questions suivantes : qu'est-ce qui m'empêche d'avoir telle ou telle chose ? Quels sont les blocages possibles de mon subconscient ? Parfois, vous ne pourrez pas trouver la réponse vous-même, vous aurez donc besoin d'aide pour la trouver. L'aide peut être un coach ou même des amis proches qui vous connaissent le mieux. Vous devez être disposé à considérer à la réponse qu'ils vous donnent.

Règle 4 : LE MOMENT LE PLUS PROPICE POUR PARLER A VOTRE SUBCONSCIENT C'EST AVANT DE VOUS ENDORMIR

Environ 15 minutes avant de s'endormir, l'esprit et le corps commencent à se calmer, les muscles se relâchent, la respiration devient plus aisée, les battements de cœur commencent à ralentir et l'ensemble du système entre dans un mode de relaxation plus profond. À ce stade, le cerveau produit des ondes alpha. Les études montrent que dans cette période de 15 minutes entre l'éveil et le sommeil, les ondes cérébrales ralentissent et qu'il y a entre 7 et 14 ondes électriques par seconde - il s'agit d'ondes Alpha. Toujours selon ces mêmes recherches, le tunnel de l'esprit subconscient est « ouvert » à la réception de messages.

Règle 5 : IMAGINEZ LES RESULTATS ET VIVEZ LES EMOTIONS

Lorsque vous programmez votre esprit subconscient, vous devez agir comme si le changement que vous désirez était déjà survenu. Programmer votre esprit nécessite que vous vous imaginiez dans l'état que vous souhaitez. Lorsque vous commencez à vous comporter et à agir comme si vous aviez déjà réalisé ce que vous désiriez, votre subconscient sera à l'écoute de cette réalité et vous expérimenterez ce changement dans votre vie. Si vous voulez être riche, vous devez commencer à agir comme une personne riche. Effectuez des recherches et découvrez le comportement des personnes fortunées. Une fois que vous avez identifié ce qu'ils font, commencez à imiter les choses que vous pouvez. Au fil du temps, votre subconscient comprendra et poursuivra le processus. Vous vous retrouverez à réaliser exactement ce que vous vouliez et bien plus encore. Créez l'image mentale du but souhaité et imaginez à quoi ressemblera votre vie quand il se produira. Visualisez le résultat final encore et encore jusqu'à ce qu'il se solidifie dans le tangible. Faites attention à tous les détails de votre image mentale. Que ressentez-vous, que voyez-vous, Qu'entendez-vous, qui voyez-vous, où êtes-vous, quelle est le décor autour de vous et ce que vous ressentez lorsque vous réalisez que vous avez accompli votre idéal. Cette visualisation est très efficace dans le processus de programmation de l'esprit subconscient. Nous y reviendrons car elle requiert un chapitre entier pour elle toute seul. L'esprit subconscient est le pilote silencieux dans nos vies. Il absorbe tout et a la capacité de nous aider à créer la réalité que nous désirons pour notre croissance. En effectuant les astuces indiquées ci-dessus, nous pouvons reprogrammer l'esprit subconscient et commencer à créer notre propre destin. Essayez-les et voyez à quel point vous vous rapprocherez de votre rêve.

Avant d'enchainer au chapitre suivant, je voulais vous laisser avec ces paroles. L'esprit conscient est une machine à penser incroyable. Cela ne s'arrête tout simplement pas. Eckhart TOLLE a écrit sur l'activité de l'esprit dans son œuvre « une nouvelle terre » : que « Penser n'est pas quelque chose que vous faites ; la pensée est quelque chose qui vous arrive. » Beaucoup de ces pensées sont du bruit et du bavardage. Le bavardage mental peut aller de légèrement ennuyeux à carrément débilitant. Il existe de nombreux livres d'entraide qui nous encouragent à nous entraîner à penser positivement. Cependant, à cause du volume de pensées que nous avons, notre contrôle sur l'esprit humain et notre bavardage mental sont assez limités. Plus vous vite comprendrez cela plus rapidement vous laisserez votre subconscient diriger votre vie en lui communiquant tout simplement exactement ce que vous désirez. Passons maintenant au chapitre prochain.

CHAPITRE 2 : LE POUVOIR DE LA VISUALISATION CREATRICE, DE L'AUTOSUGGESTION ET DES AFFIRMATIONS

« Infinie est la créativité de chaque instant de votre vie, Infinie la richesse de l'univers. Exprimez vos désirs clairement et vos souhaits ne peuvent qu'être exaucés. » **Shakti GAWAIN**

Si vous avez bien suivi ce que nous nous essayons de vous inculquer depuis les premières lignes de ce livre, vous devez savoir à présent qu'avoir un objectif est le premier pas vers son accomplissement. A ce stade, une image précise du résultat que vous cherchez à manifester doit être aussi claire que les lignes que vous êtes en train de lire. Dès lors, l'attente sera le catalyseur qui vous permettra d'attirer tout ce dont vous pouvez vous fixer comme idéal. Notez bien cependant les informations qui suivent. Vous n'obtiendrez jamais la réalisation de votre idéal dans le monde tangible tant que vous ne vous faites pas mentalement une image précise de celui-ci. L'homme est la seule créature qui soit en même temps un créateur. Grâce à son imagination il peut définir une gamme variée de buts. En exerçant son imagination, ou par sa facilité à imaginer, l'homme peut diriger son mécanisme de succès.

« Vous devenez ce que pensez » nous disait James Allen. Votre réalité, votre condition et les circonstances de votre vie ne sont que le reflet de vos pensées prédominantes. Autrement dit, l'image mentale que vous entretenez va se cristalliser en réalité tangible. Conservez bien cette notion quelque part dans un coin de votre esprit.

Pour être serein et détendu, accroître sa vitalité, améliorer sa santé, développer sa créativité, nouer des relations humaines enrichissantes, acquérir des habitudes positives, réussir sa vie professionnelle, sociale, amoureuse et bien d'autres aptitudes de croissance, la technique la plus puissante qui existe pour soutenir votre idéal est la visualisation. Alors quand vous accompagnerez cette imagination avec de l'autosuggestion et des affirmations, vous viendrez à bout des blocages qui empêchent la réalisation de vos désirs afin de dévoiler les aptitudes insoupçonnées qui sommeillent en vous. Vous apprendrez à éveiller l'immense potentiel de réussite et de joie de vivre enfoui en vous. " L'imagination créatrice " est trop souvent attribuée exclusivement aux poètes, aux inventeurs, ou à ceux qui leur ressemblent. Mais l'imagination est créatrice dans tout ce que l'on fait. De tout le temps les philosophes aussi bien que les hommes d'action ont reconnu ce principe et l'ont utilisé, instinctivement certes. " L'imagination gouverne le monde " dit Napoléon. L'imagination, de toutes les facultés humaines, est ce qui est le plus ressemblant à Dieu, dit Glen Clark.

Le pouvoir de la visualisation va de pair avec la loi de l'attraction. L'idée est de visualiser une image dans votre tête. Par une visualisation cohérente de cette image, elle vous attirera. Vous le faites déjà, probablement sans vous en rendre compte ! Chaque fois que vous vous concentrez sur ce qui pourrait mal tourner, les choses iront mal et serviront à renforcer une tendance à se concentrer sur ce qui pourrait mal tourner... parce que cela a déjà été fait à maintes reprises ! Mais vous pouvez aussi utiliser cet immense pouvoir créatif et l'utiliser à votre avantage. En gardant à l'esprit l'idée de ce que vous voulez, vous aurez plus de chances de faire ce qu'il faut pour que ce rêve devienne réalité. Vous serez également plus sensible aux opportunités et aux bonnes personnes lorsque vous donnerez à votre esprit une commande visuelle puissante.

Vous avez peut-être entendu des gens dire : « Je ne peux pas imaginer (parcourir 10 kilomètres à vélo, jouer sur scène, peindre une peinture murale, etc.). Ils ne vont jamais, jamais, atteindre ces objectifs parce qu'ils ne sont pas capables de s'imaginer les réaliser.

Tout ce qui a été créé ou réalisé a d'abord commencé comme une idée dans l'esprit de quelqu'un. Habituellement, en réponse à un besoin ou à un désir, une idée s'est installée et la personne a commencé à concentrer son énergie mentale sur elle. L'idée s'est construite sur elle-même lorsque l'énergie mentale s'est infusée d'émotions. Cela a créé un désir énorme et l'esprit de la personne a sombré dans l'optique de trouver des moyens d'associer la vision à la réalité physique.

Des idées de « comment » et de « quand » ont été générées sur la base de cette visualisation initiale… et de cette boule de neige jusqu'à… la chaise sur laquelle vous êtes assis a été conçue ; le clavier de votre ordinateur a été conçu et construit

Chaque idée que vous mettez sur papier ou que vous lisez contient une réalité mentale composée d'images, de sentiments, d'expériences sensorielles imaginaires, etc. En fait, votre esprit crée actuellement des images basées sur ce que vous lisez ici. En ce moment, vous visualisez !

Comment fonctionne donc la visualisation créatrice ?

La visualisation créatrice ou l'expérience synthétique est la technique qui utilise l'imagination, autrement dit l'imagerie mentale afin de réaliser ses désirs. Cette technique est loin d'être nouvelle, inédite ou même insolite car vous et moi l'utilisons à chaque instant de notre existence même si pour beaucoup d'entre nous, de manière inconsciente. C'est la puissance naturelle de l'imagination, l'énergie créatrice fondamentale de l'intelligence universelle ou comme dirait un physicien quantique le champ de tous les possibles. Nos expériences ou interprétations négatives sur la vie et une contemplation continue du pôle négatif et ceci via nos interactions au quotidien, nous ont fait attendre et imaginer, inconsciemment et surtout automatiquement, des limitations de toute sorte, des lacunes, difficultés, et autres problèmes comme étant notre lot quotidien. Une certaine normalité. Sachez dès à présent, que nous les avons plus ou moins fabriqués nous-même de toutes pièces. Mais ce chapitre vous apprendra comment enfin utiliser cette formidable puissance d'imagination innée de manière consciente vous donnant ainsi un moyen scientifique pour créer tout ce que vous désirez vraiment : amour, plénitude, joie, harmonie intérieure, relations satisfaisantes, santé, beauté, prospérité, expressions de soi, créativité… La visualisation créatrice vous ouvrira les portes de la générosité et de l'abondance naturelle et illimitée de la vie.

Comme annoncé plus haut, l'imagination est votre aptitude à créer dans votre esprit une idée ou une image mentale, ce que nous faisons en réalité tous les instants de notre vie. Cependant dans le cas de la visualisation créatrice, votre imagination vous permet de créer une image précise de ce que vous souhaitez voir se produire, puis de porter votre attention régulièrement sur cette image ou idée afin d'en imprégner votre subconscient et à créer de nouveaux types de réflexes automatiques ou de nouvelles connexions neuronales, lui fournissant ainsi une énergie positive jusqu'à sa manifestation tangible dans le monde objectif en d'autres termes, jusqu'à ce que vous accomplissiez réellement ce que vous avez visualisé. Votre objectif peut se situer à n'importe quel plan que vous voulez voir croître : intellectuel, charnel, matériel ou spirituel. Vous pouvez vous imaginer avec le travail de vos rêves, votre maison idéale, ou vivant des relations harmonieuses avec le partenaire de vos fantasmes, ou encore jouissant d'une santé parfaite avec une vitalité débordante ou tout simplement avec la silhouette idéale. Vous pouvez également vous voir avec une confiance illimitée et un charisme de leader ou tout bonnement rayonnant de bonheur et d'amour. Les possibilités sont infinies. Quel que soit le plan sur lequel porte votre démarche, vous obtiendrez des résultats. Mais ceci se fera selon votre niveau de maîtrise de la méthode, votre constance et votre dévouement.

Prenons en guise d'exemple : Vous voulez acquérir un certain caractère ou une attitude, détendez-vous en vous relaxant, essayez de vous mettre dans un état alpha c'est à dire un état profondément serein et méditatif, imaginez mentalement que vous êtes doté des qualités que vous cherchez à acquérir. Dans cette mise en scène, ne vous censurez surtout pas mais explorez tout ce qui représente pour vous ces traits de caractère, voyez vos proches vous congratuler et vos amis vous féliciter, ressentez les émotions et sentiments que ça procure chez vous, sentez les parfums et entendez les voix tout autour, il faut que votre imagination soit le plus vivide possible. Ayez l'impression que votre image se passe réellement dans le présent et vivez- la comme si elle était déjà réalisée. Renouvelez souvent ce petit exercice facile environ deux à trois fois par jour par exemple au réveil, en milieu de journée et le soir avant de se coucher. Si votre désir est sincère et votre intention authentique, alors vous remarquerez que votre mentalité, attitude et personnalité ont changé car vous le sentirez vous-même et votre entourage vous le confirmera. Inutile de préciser que cette technique ne peut en aucun cas vous servir de moyen de contrôle sur le comportement d'autrui, car la visualisation sert à travailler avec notre subconscient et seulement à la réalisation de soi et de devenir la meilleure version de nous-même.

La visualisation scientifique ou créatrice, n'a rien à voir avec une croyance métaphysique ou spirituelle, il ne requiert pas non plus d'avoir foi en une quelconque force extérieure à vous-même. Il suffit tout simplement d'avoir une ouverture d'esprit, la connaissance de cette loi psychologique de l'imagerie mentale et surtout être bien disposé à essayer une pratique nouvelle. Vous jugerez vous-même de la pertinence de votre nouvelle connaissance une fois l'avoir expérimenté. Pour ceux qui auront choisi car croyez-moi, je vois déjà d'ici perdre une partie de mes chers lecteurs qui auront décidé que ça n'a aucun sens. Mais pour vous, continuez à pratiquer et à développer votre technique pour vous l'approprier, et très vite les changements que vous connaîtrez dans votre vie dépasseront certainement tout ce dont vous avez rêvé car la visualisation créatrice est " magique " dans le sens le plus authentique et le plus élevé du terme. Car nous nous mettons alors en harmonie avec les puissantes lois de l'univers et les utiliserons de la façon la plus consciente et la plus créative mais comme promis en début du livre, inutile de rentrer dans des considérations métaphysiques pour une bonne application du principe.

Laissez-moi maintenant vous expliquer le processus d'application de la visualisation : Les effets de notre nouvelle pratique ne se produisent pas de façon superficielle, sur la seule base d'une " pensée positive ". Il va impliquer exploration, la découverte et la modification de nos attitudes les plus fondamentales envers la vie. C'est pourquoi la pratique de la visualisation créatrice peut déboucher sur un processus de croissance profonde et significative. Et au cours de ce processus, nous découvrons au fur et à mesure les domaines dans lesquels nous sommes limités à cause de nos peurs et de notre attitude mentale négative à l'égard de la vie, et seulement alors la pratique de la visualisation peut entamer l'élimination des blocages et nous permettre de retrouver et de vivre notre état naturel de bonheur, d'harmonie, d'abondance, d'amour et de joie. Au départ, vous devez pratiquer ces séances de visualisation à des moments particuliers et dans des buts précis. Lorsque vous vous serez habitués à la pratique et que vous aurez pris confiance dans les résultats qu'elle apporte, vous verrez qu'elle devient partie intégrante de votre processus de pensée, un état de conscience naturel dans lequel vous savez que vous êtes constamment créateur de votre réalité. Avant d'aller plus loin, je me permets de vous suggérer quelques ingrédients pour rendre vos visualisations plus puissantes :

4 INGREDIENTS POUR RENDRE VOS VISUALISATIONS PUISSANTES

1 – ÊTRE AMOUREUX DE CE QUE VOUS FAITES

Vous n'obtiendrez pas de résultats positifs si vous n'êtes pas vraiment excité par ce que vous désirez. Vos émotions sont la force motrice de votre visualisation ! Ne soyez pas humble à ce sujet. Donnez votre passion à vos objectifs. Mais… ne devenez pas trop attaché au résultat, car quelque chose encore meilleur pourrait se manifester de manière inattendue !

2 – VISUALISEZ SOUVENT ET INTENSEMENT, POUR DE COURTES DUREES

Si vous pouvez conserver votre image pendant à peine une demi-minute, vous créez une attraction puissante. (C'est très difficile de tenir une longue visualisation de qualité sauf si vous êtes un méditant expérimenter capable d'arrêter le bavardage mental). Visualisez souvent et développez progressivement des visualisations plus longues et plus détaillées.   3 – RENDEZ VOTRE IMAGE AUSSI DETAILLEE QUE POSSIBLE

Être trop vague va vous donner des résultats vagues. C'est bien d'être précis avec ce que vous voulez ! J'ose espérer qu'à ce stade de lecture, vous avez déjà une nette image de ce que vous voulez. La répétition étant la clé pour enfoncer des concepts dans notre cerveau, vous pouvez compter sur moi pour ça, car j'ai bien l'intention d'ici la fin du livre, de répéter régulièrement et à plusieurs endroits, la plupart de ces éléments essentiels pour notre étude.

4 - CROIRE

Ne vous faites pression en aucun cas pour y croire, ceci est essentiel, Surtout si c'est un rêve qui vous dépasse. Prenez tout simplement l'attitude d'un enfant qui joue. Les enfants croient à 100% aux monstres sous le lit. Ils croient aussi à 100% qu'ils sont des princesses ou des pirates. Amusez-vous tout simplement avec votre image, et pendant que vous y êtes, plongez-vous dedans et croyez-y. Lorsque vous ne visualisez pas et que vous avez le moindre doute, OUBLIEZ de penser à votre rêve. Laissez-le pénétrer d'abord via votre imagination.

La règle est simple : tout ce que vous pouvez concevoir, vous pouvez le réaliser. Suivez les étapes ci-dessus et vous découvrirez des moyens incroyables de réaliser vos rêves.

Parlons à présent des affirmations. Qu'est-ce qu'une affirmation ?

Les affirmations sont un des éléments les plus importants en visualisation créatrice. Affirmer signifie étymologiquement " rendre ferme ". Une affirmation est une déclaration énergique, positive que quelque chose que nous cherchons à réaliser est déjà ainsi. C'est un moyen de raffermir ce que vous visualisez. Vous êtes certainement conscients du " dialogue " intérieur presque incessant : votre esprit est occupé à se " parler " à lui-même, engagé dans une discussion sans fin sur les éléments de votre vie, le monde, vos sentiments et émotions, vos problèmes, les autres etc…. Notez que les idées et les mots qui traversent votre esprit sont très importants. Nous ne sommes généralement pas conscients de leur flot. Les scientifiques nous disent que nous avons environs 65000 pensées par jour et ne sommes conscients que 5% de ses pensées. Pourtant ce " bavardage " intérieur est la base même de notre expérience de la réalité. Notre commentaire mental influence et impacte nos sentiments mais surtout notre perception des événements de notre quotidien et ce sont ces pensées continues qui finalement attirent et créent tout ce qui nous arrive. Tous ceux qui ont cherché à apaiser cette " conversation mentale" lors de leur expérience de méditation savent à quel point il est difficile d'arrêter leur flux. D'ailleurs une des techniques de méditation la plus répandue est celle où nous observons tout simplement ce dialogue intérieur sans chercher à intervenir. Cette méditation permet de connaître la nature de nos pensées prédominantes et par la technique des affirmations, remplacer tout bavardages intérieurs désuets, obsolètes ou négatifs par des idées ou déclarations plus positives. Cette technique puissante peut donc transformer nos attitudes et attentes, et en un rien de temps le cours de notre existence prend un autre cap, et cette fois ci en notre faveur.

On peut pratiquer les affirmations silencieusement ou à haute voix, on peut également les écrire. Une dizaine de minutes par jour d'affirmations efficaces peut suffire à contrebalancer des années d'habitudes mentales erronées. Alors qu'est-ce qu'une affirmation efficace ?

Laissez-moi vous proposer 7 éléments indispensables pour rendre vos affirmations efficaces.

1. Formulez vos affirmations toujours dans le présent, jamais dans le futur. Il est impératif de considérer que c'est un fait déjà accompli dans votre réalité. Ne dites pas : " je vais être saint, fort, harmonieux et heureux " mais plutôt " je suis saint, fort, harmonieux et heureux ". Ce n'est pas vous abuser vous-

même, c'est reconnaître ce principe psychologique pour ne pas dire métaphysique que tout se crée dans un premier temps sur le plan mental avant de se concrétiser en tant que réalité objective.

2. Formulez vos affirmations avec assurance et fermeté. Déclarez ce que vous voulez et non ce que vous ne voulez pas. " je ne veux plus fumer " n'est pas dynamique car cette déclaration contient une négation que le subconscient ne reconnaît pas. Dites tout simplement " je suis en bonne forme maintenant que j'ai arrêté de fumer ". Ainsi, vous êtes certains de créer une image mentale positive de votre déclaration.

3. Formulez vos affirmations de la manière la plus courte, la plus simple et la plus directe pour les rendre efficaces. Une affirmation doit être claire, précise et chargée d'un sentiment fort. Plus l'émotion associée à votre déclaration est profonde, plus celle-ci s'imprime dans votre esprit. Les affirmations complexes et longues perdent leur impact émotionnel car elles deviennent de vraies « acrobaties mentales ».

4. Choisissez toujours des affirmations en phase avec votre personnalité et en accord avec votre problématique. Les affirmations empruntées sont impersonnelles et inefficaces. Ce qui marche pour votre voisin ne marche pas forcément pour vous. Si vous ne vous sentez pas positif, libéré et dans une attente positive, l'impact de votre affirmation est faible. Personnalisez-la jusqu'à ce qu'elle soit convenable.

5. Vos affirmations ne visent pas à renier ou à essayer de changer vos sentiments ou vos émotions. Il est important de les accepter de et de les vivre sans essayer de les modifier y compris les sentiment prétendus négatifs. Vos affirmations

s'occuperont de cette tâche quand votre subconscient aura accepté cette nouvelle réalité que vous vous déclarez.

6. Lorsque vous utilisez des affirmations, mettez-vous purement en mode mentale. Aucune autre réalité ne doit être vraie que celle que vous vous déclarez. Essayez d'y croire autant que possible avec un fort sentiment qu'elles peuvent aboutir. Accordez toute votre énergie à vos affirmations aussi bien mentale qu'- émotionnelle. Ce qui nous mène au point 7 et un des plus cruciale.

7. Votre affirmation doit absolument contenir ces trois éléments suivants : Une phrase simple et positive, une image mentale positive représentant le résultat de votre déclaration dans un scénario se jouant dans le présent comme un fait accompli. Vous devez aussi ressentir toutes les émotions et sentiments tel que vous le ressentirez à la réalisation de votre souhait. Ceci implique tous les sens : Voyez, ressentez, touchez, entendez. Donc en conclusion la parole doit accompagner l'image mentale et soutenue par des sentiments et des émotions. Voici le trio gagnant de la visualisation créatrice.

En guise de conclusion, je tiens à préciser qu'avant même ces éléments précités, il existe une condition sine qua non dont dépendra le succès de votre visualisation créatrice. Cette condition c'est l'intention. Une intention claire doit absolument contenir ces trois qualités :

1. Le Désir : Vous devez avoir un désir sincère et ardent d'obtenir ou de créer ce que vous avez décidé de visualiser. Il ne s'agit pas tant d'une obsession ou d'un entêtement borné, mais plutôt d'un sentiment clair et solide de votre but. Votre réponse à la question

pourquoi pourra vous guider quant à la qualité de votre désir.

2. La confiance : Vous devez avoir une confiance et une compréhension aussi bien intellectuelle qu'émotionnelle non seulement du principe créateur de la visualisation, mais aussi en votre objectif et en la possibilité de l'atteindre. Cette condition est indispensable quant à la manifestation de votre visualisation. Une affirmation continue dans ce sens peut corriger vos éventuels doutes.

3. L'acceptation : Vous devez être prêt à accepter et à recevoir ce que vous recherchez. Nous poursuivons parfois des buts que nous rejetons pourtant inconsciemment. Prenons l'exemple de l'argent, beaucoup de personnes ont gravés dans leur inconscient cette fameuse phrase de la bible qui veut que l'argent soit " la source de tous les maux " et que pour avoir de l'argent, il faut être un escroc ou sans éthique. Ces personnes doivent d'abord se débarrasser de ce blocage en changeant cette vision depuis leur subconscient avant de pouvoir manifester de l'abondance, autrement, même si par hasard ils gagnent au loto, l'argent leur filerait entre les doigts par la force de leur esprit subjectif. Posez-vous la question : est-ce que je veux réellement et sans réserve avoir cela ? Votre réponse sera un bon guide. Dans le chapitre suivant, nous allons voir le pouvoir de l'intention mais aussi de l'attention et de la concentration. Mais avant cela, voici un plan d'action pour vous inciter à démarrer dès aujourd'hui à mettre

en place les éléments qui vous permettront de manifester une vie sur mesure.

PLAN D'ACTION

Sachant ce que vous savez à ce stade de lecture, vous avez très certainement décidé d'appliquer ce que vous venez d'apprendre. Pour vous aider à structurer votre démarche, voici quatre étapes fondamentales pour réussir votre visualisation créatrice :

1- Fixez-vous un but et ne vous censurez surtout pas. Décidez-vous pour quelque chose que vous aimeriez posséder, réaliser ou créer, pour un objectif que vous aimeriez atteindre à quelque niveau que ce soit : un emploi, une maison, une certaine relation, un changement dans votre personnalité, une aisance matérielle plus grande, une meilleure santé ou condition physique, la beauté, ou n'importe quoi d'autre.

2- Créez une image mentale claire de cet objectif. Créez une idée ou une image de votre but ou de la situation qui soit absolument conforme à ce que vous désirez. Pensez-y, au présent, comme si déjà cela existait comme vous le voulez. Imaginez-vous maintenant dans la situation telle que vous la souhaitez. Mettez-y autant de détails que possible.

3 - Concentrez-vous le plus souvent possible sur l'image de cet objectif atteint. Mettez souvent votre esprit sur l'idée ou l'image mentale, durant les périodes calmes de méditation ou de repos, et aussi de temps à temps durant la journée, lorsque vous y

pensez. Elle s'intégrera alors à votre vie, deviendra plus réelle à vos yeux et vous réussirez mieux à la projeter 4- Nourrissez la d'énergie positive en ressentant toutes les émotions et sentiments comme si c'était réelle, ce qui sera le cas si vous persistez. Voyez, touchez, entendez et sentez tous les éléments de votre scénario. Prenez du plaisir en vous visualisant accomplir, avoir ou faire selon l'objet de votre désir.

Je m'en vais à présent vous soumettre cet exercice suivant, adaptez-le selon votre personnalité, mais aussi votre disponibilité.

EXERCICE

Dans un premier temps, installez-vous confortablement, assis ou couché, dans un endroit calme où vous ne risquez pas d'être dérangé. Détendez complètement votre corps, en commençant par les orteils en remontant jusqu'au sommet de votre tête ; pensez à détendre chaque muscle tour à tour, laissant toutes les tensions s'éliminer de votre corps. Respirez profondément et lentement, avec le ventre et comptez à rebours de dix à un en ressentant que votre corps se détend de plus en plus au fur et à mesure que vous comptez.

Lorsque vous vous sentez profondément relaxé, commencez à imaginer l'objet de votre désir, dans ses moindres détails ; figurez-vous que vous êtes avec cet objet, que vous l'utilisez, l'admirez, l'appréciez, le montrez à vos amis. Placez-vous dans la scène et imaginez que tout se déroule comme vous le souhaitez ; mettez-y même les propos des différents personnages ou tout autre détail pouvant rendre le tableau plus réel. Ici, sachez que plus l'image est réelle, plus des émotions y sont rattachées, plus rapidement votre subconscient va l'accepter et plus vite votre désir se réalisera.

Vous pouvez imaginer tout cela en un clin d'œil. Quelques minutes suffisent. Soyez relax, détendu, et surtout amusez-vous : cette expérience doit être tout à fait agréable, soyez comme un enfant qui rêve à ses cadeaux d'anniversaire ou de noël. Pour soutenir cette visualisation, tout en gardant à l'esprit l'image ou l'idée, formulez mentalement ou à haute voix une affirmation très positive de votre satisfaction d'avoir obtenu ou réalisé votre désir et ressentez toute la gratitude et la satisfaction d'avoir réussi.

CHAPITRE 3 : L'OBJECTIF EST LE POINT DE DÉPART DE TOUT ACCOMPLISSEMENT

« Imaginez un navire au départ d'un port. Son trajet est tout établi et tracé d'avance. Son capitaine et son équipage en connaissent précisément la destination et le temps qu'il leur faudra pour l'atteindre. Ce navire a une destination précise. Dans neuf mille neuf cent quatre-vingt -dix-neuf cas sur dix mille les choses se passeront comme prévu. Maintenant prenons un autre navire, similaire au premier, mais sans équipage ni capitaine à la barre, ne lui donnons pas de destination ni d'objectif. Actionnons ses machines et laissons-le partir. Je pense que vous serez d'accord avec moi : s'il parvient à quitter le port, soit il coulera, soit il finira en épave sur une plage déserte. Il ne peut aller nulle part sans destination ni guidage. Il en est de même pour l'être humain ». **Earl NIGHTINGALE**

Vous êtes-vous demandé pourquoi tant de gens travaillent fort et honnêtement sans jamais accomplir quoi que ce soit de particulier, tandis que d'autres, sans grand effort, semblent tout obtenir ? Ceux-là ont en quelque sorte " la touche magique ". Vous avez surement entendu dire de quelqu'un que " tout ce qu'il touche se transforme en or ". Ainsi, avez-vous remarqué qu'une personne qui réussit à tendance à continuer de progresser tandis qu'un homme qui échoue à tendance à accumuler les échecs ? Tout est question d'objectifs. Il y'a ceux qui en ont, et ceux qui n'en ont pas. Les gens qui en ont réussi parce qu'ils savent où ils vont.

À un moment donné de notre vie, nous devons tous avoir des objectifs. Ces objectifs peuvent être aussi simples que d'achever la tâche à la fin de la journée ou aussi grands que ce que nous voulons faire une fois sorti de l'université ou là où nous voulons nous retrouver dans un an.

Beaucoup de gens fixent néanmoins des objectifs, mais peu voient leurs objectifs se concrétiser. Créer un objectif principal défini est un moyen de persuader votre subconscient d'avoir le bon processus mental pour atteindre vos objectifs. Votre objectif principal est une déclaration très spécifique qui a le pouvoir d'influencer votre subconscient. Ce sont tous les objectifs que nous avons fixés, tout en gardant à l'esprit nos capacités et nos ambitions, qui nous permettent de rester concentrés sur notre idéal. A présent que nous avons accepté cette idée qui veut que l'objectif soit le point de départ de tout accomplissement et qu'il est le déclencheur de tout succès, voyons comment il agit dans notre réussite et surtout comment le mettre en corrélation avec les neuf autres principes de notre étude. Nous avons dit plus haut que la seule différence entre deux individus ne se situe que dans l'attitude et que celle-ci était la pensée en action. Cette même pensée était étroitement liée au subconscient et que le subconscient était le seul créateur qui soit, car ayant la charge de notre réalité objective à hauteur de 95%. Il est logique alors qu'une personne ayant en tête un objectif concret et qui en vaut la peine l'atteigne, car c'est à cela qu'elle pense : et comme c'est dit dans le chapitre sur le caractère du subconscient concernant la pensée, nous devenons ce à quoi nous pensons. De la même façon, quelqu'un qui n'a pas d'objectif, qui ne sait pas où il va et dont les pensées sont rassemblements empreints de confusion, d'anxiété, de crainte et de préoccupations, devient ainsi ce à quoi il pense. Sa vie est remplie de frustration, de peur, d'anxiété et de soucis, et s'il ne pense à rien il ne devient rien.

Cela peut vous paraître surprenant, et pourtant c'est la vérité. Une enquête a révélé que 95% des populations n'avait pas d'objectif selon les critères acceptés, c'est à dire précis, claire, avec une intention ferme, un désir ardent, un plan d'actions et une date butoir. C'est pourquoi d'ailleurs seulement 5% de la population mondiale gère 95% des ressources. En établissant alors des objectifs, vous sortez de ce lot des " sans objectifs " et intégrez le second groupe. Je veux nommer celui des personnes qui jouissent des fruits que procure la satisfaction de l'accomplissement. Ceci je tiens à le signaler, est à la portée de tous comme nous le verrons plus bas.

Il y a un énorme pouvoir dans l'établissement d'objectifs. Il vous aide à planifier votre avenir et à rester motivé pour que votre vision devienne réalité. Les résultats vous stimulent et vous dynamisent et chaque nouvel objectif atteint dope votre confiance en soi sans parler de votre égo. Vous avancez aussi avec plus d'entrain. Cependant, pour beaucoup, le succès est perçu comme quelque chose d'insaisissable. Il est perçu comme quelque chose qui n'arrive qu'aux privilégiés et aux exceptionnels. Ou qu'il faut avoir des connaissances exceptionnelles ou une intelligence supérieure que le reste d'entre nous ne pouvons acquérir.

Laissez-moi vous dire que pour atteindre le niveau de succès dont vous avez toujours rêvé, comme de perdre du poids, d'obtenir cette promotion au travail ou même de créer une entreprise qui prospère est plus possible que vous ne le croyez. Il suffit de savoir ce que vous voulez, de mettre en place un plan d'action, d'emmètre une intention ferme qui refuse tout échec et persévérer jusqu'à accomplissement de votre désir. Ça marche à tous les coups et ceci peu importe l'ampleur de votre vision. D'ailleurs plus grande est votre vision, plus grande est la force d'attraction qui vous tire vers votre idéal.

S'il y a une leçon que j'ai tirée de tous les séminaires, livres, interviews et autres contenus sur le sujet du succès, c'est que le succès n'a rien à voir avec la chance ou le hasard. Même le talent seul ne garantit pas le succès. Deux étudiants sortis de la même faculté, avec le même diplôme et les mêmes connaissances ne vont pas aborder la réussite de la même manière et de ce fait vont exploiter leurs connaissances de manière complétement différente. Le succès est une histoire de clarté de vision et de connaissances des principes inhérents plus qu'autre chose. Il consiste à déterminer ce que vous voulez et où vous voulez être dans un avenir proche, moyen ou lointain. Ensuite, vous imaginez exactement ce qu'il faudra pour y arriver. Ensuite, vous mettez en place un plan d'action qui vous mènera sûrement dans la bonne direction. Mais ce n'est pas tout le temps le manque d'objectifs qui empêche les gens d'être là où ils veulent être dans la vie. Bien des fois, ils ne les accomplissent pas pour différentes raisons telle que la procrastination, le manque de persévérance etc…

Se fixer des objectifs vous donne une véritable feuille de route pour réaliser votre idéal de vie. Lorsque vous planifiez votre prochain mouvement et que vous vous y tenez, votre esprit ne se demande plus « alors, que dois-je faire maintenant ? », Votre esprit a un point de focalisation sur lequel toute votre énergie est projetée.

Lorsque vous vous concentrez sur votre désir, votre cerveau cherchera constamment à améliorer ou à innover tous les domaines de votre vie objet de votre concentration. Alors que lorsque vous ne vous concentrez sur aucun objectif particulier, Il n'a aucune commande précise, toute votre énergie, votre force créatrice et votre mécanisme à succès sont désorientés. C'est comme voyager dans un bateau sans capitaine ou un avion sans commandant de bord. C'est le crash assuré. Souhaitez-vous traverser un pays inconnu sans carte ni GPS et vous attendre à atteindre votre destination à temps ? Je doute fort que vous y arriviez. Quand il s'agit d'accomplissement, la seule différence entre les personnes, c'est que certains planifient l'avenir, tandis que d'autres s'assoient en se disant qu'un jour j'arriverai à ce que je veux faire. Nous savons tous que ce jour ne se produira jamais tant que vous ne vous ressaisissez pas. Comme le disait l'illustre Malcolm X : « L'avenir appartient à ceux qui se préparent aujourd'hui ». Soyez parmi ces personnes.

Tout le concept du succès et de la réussite peut se résumer à la définition d'un objectif, à la création d'un système ou plan pour l'atteindre, puis au suivi et à sa réalisation. Fixez-vous vos objectifs et tenez-vous-en à eux, ce qui vous permettra d'accélérer leur réalisation. Une fois cet objectif décidé, assurez-vous de le suivre fidèlement pendant au moins 6 mois avant de penser à l'abandonner. Le succès sera vôtre, il vous suffira tout simplement de vous y préparer. Tout le monde est non seulement apte pour la réussite, mais détient tout ce dont il a besoin pour y parvenir, il suffit tout simplement de connaître la loi du succès et croyez-moi à l'issue de la lecture de ce livre, vous serez en mesure de l'enseigner aux autres. Mais bien que je me répète encore une fois, connaître les principes est bien beau mais les adopter est encore mieux.

NOUS AVONS TOUS UN SYSTÈME INTERNE DE GUIDAGE ET UN INSTINCT DE SUCCÈS POUR ATTEINDRE NOS BUTS

D'après Maxwell MALTZ dans son magnifique ouvrage intitulé " LA PSYCHO- CYBERNÉTIQUE " que je vous conseille d'ailleurs vivement d'acquérir sans tarder si ce n'est déjà fait, il nous dit que tout être vivant possède un système interne de guidage réglé vers un but, placé par-là par son créateur pour l'aider à atteindre ce but qui est - grosso modo - " vivre". Pour les formes de vie les plus élémentaires, "vivre" veut dire simplement survivre, à la fois pour l'individu et pour l'espèce.

Chez l'homme, " vivre à une autre signification que la simple survie. La " vie " d'un animal se limite à la satisfaction de besoins physiques définis. L'homme quant à lui, a des besoins affectifs et spirituels inconnus des animaux. " Vivre " pour l'homme, englobe donc plus que la survie du corps et la procréation de l'espèce. "Vivre ", c'est exiger aussi certaines satisfactions affectives et spirituelles. Le " mécanisme de succès " placé dans l'homme est plus ambitieux que celui de l'animal. Non seulement il aide l'homme à éviter ou surmonter le danger, à propager la race grâce à " l'instinct sexuel ", mais peut aussi l'aider à résoudre les problèmes, à inventer, à écrire un poème, à diriger une affaire, à inventer, à vendre, à explorer de nouveaux horizons de la science, à atteindre la sérénité, à se créer une meilleure personnalité, en bref à réussir toute activité intimement liée à son style de vie ou qui lui donne une vie bien remplie.

Un écureuil n'a pas besoin d'apprendre comment ramasser les noisettes, ni comment les stocker pour l'hiver. Un écureuil né au printemps n'a jamais connu l'hiver. Et pourtant on peut le voir à l'automne emmagasiner ses noisettes pour les manger pendant l'hiver lorsqu'il ne trouvera plus aucune nourriture à ramasser. Un oiseau n'a pas besoin de prendre des leçons pour faire son nid, ni pour la navigation aérienne. Et pourtant les oiseaux couvrent des milliers de mires, parfois en pleine mer. Pas de journaux ni de télévisions pour leur donner les prévisions météorologiques, et aucun explorateur parmi eux pour dresser la carte des régions chaudes du globe. Cela n'empêche pas l'oiseau de " sentir " l'approche du temps froid et de localiser avec précision une région chaude, fit-elle à des milliers de kilomètres.

Le fait que l'homme aussi possède un instinct de succès est souvent négligé. Pourtant il est plus merveilleux et plus complexe que celui d'aucun animal. Nous n'avons pas été lésé sur ce plan, bien au contraire nous avons été même gâtés dans ce domaine. Un animal ne peut pas choisir ses buts (préservation de soi et procréation), ils sont pour ainsi dire prédéterminés. Leur mécanisme de succès se réduit à ces seules images intérieures que nous appelons " instincts ". L'homme en revanche, possède quelque chose de plus qu'un animal : l'Imagination Créatrice. L'homme est la seule créature qui soit en même temps créateur. Grâce à son imagination il peut définir une gamme variée de buts. Seul l'homme, en exerçant son imagination, ou par sa facilité à imaginer, peut diriger son Mécanisme à Succès en se fixant les buts de son choix.

Voyons maintenant comment fonctionne votre mécanisme de succès afin de vous prouver une bonne fois pour toute que la plus significative de toutes les décisions de votre vie, sera la définition de vos objectifs et de vos idéaux.

Vous n'êtes pas une machine. Mais les découvertes les plus récentes sur le cerveau arrivent toutes à ces conclusions : Votre cerveau et votre système nerveux constituent un servomécanisme dont " vous " vous servez et qui fonctionne à l'image d'un ordinateur électronique et d'un système mécanique à tête chercheuse. Votre cerveau et votre système nerveux constituent un mécanisme orienté vers un but encore faudrait - il que vous en ayez un, et qui fonctionne automatiquement pour y parvenir à l'image d'une torpille autonome ou d'un missile cherchant sa cible et orientant sa trajectoire vers elle. Votre servomécanisme interne fonctionne à la fois en " système de guidage " vous dirigeant automatiquement vers un but précis, vous faisant réagir correctement à l'environnement ; et aussi comme "un cerveau électronique " qui peut fonctionner automatiquement pour résoudre des problèmes, vous fournir les réponses nécessaires, et vous inspirer des idées nouvelles. Je finirais cette partie en expliquant le sens du mot " cybernétique " qui est dérivé du mot grec signifiant littéralement "le pilote" automatique et de " servomécanisme " qui veut dire conçu de telle manière qu'il se dirige automatiquement vers un but, un objectif, une cible, ou une " réponse ".

Alors à présent voyons voir comment se fixer un objectif.

COMMENT SE FIXER UN OBJECTIF DE MANIERE EFFICACE

Plusieurs techniques existent pour se fixer un but, la plupart tel que le S.M.A.R.T se trouvent dans tous les bons livres de développement personnel et de business, mais ici nous parlerons d'idéal, nous allons donc voir l'approche qui prend en compte vos talents naturels, votre épanouissement, votre mission de vie, votre vocation, votre contribution envers autrui et surtout votre bien être et celui de votre entourage. Cette méthode sur mesure, s'appelle PAMIVOM et c'est avec cette méthode, que nous avons pu aider des milliers de personnes à découvrir, la mission de leur vie ainsi que leur passion. Voici en quoi consiste cette méthode.

LA METHODE **PAMIVOM** (Passion - Mission - Vocation - Métier)

Je conseille cette méthode aux personnes de nature cartésienne ou qui se veulent pragmatique. PAMIVOM n'est rien d'autre qu'un acronyme des mots Passion, Mission, Vocation et Métier. Cette technique est dérivée de la méthode japonaise « IKIGAI » qui se traduit par «la raison d'être », la « joie de vivre » ou encore «la raison de se réveiller chaque matin ». Au Japon, le mot est souvent utilisé pour parler d'une passion intense qui nous aide à trouver du sens dans ce qu'on fait. Bref, avoir un BUT dans la vie.

Ici, vous allez prendre un papier que vous allez diviser en quatre parties. Puis nommez les suivant ces quatre mots et dans cet ordre : Passion - Mission - Vocation - Métier

1 : Passion : Dans cette partie notez tout ce en quoi vous êtes bon. Même les choses sans rapport ou les plus insignifiants. Tout ce que vous faites naturellement bien. Ne pensez à rien d'autre, à aucune finalité. Si c'est la compassion, notez-le sur votre colonne. Si c'est dessiner ou encore écrire mentionner le dans votre liste. Tout votre univers de compétences naturelles doit y figurer.

2 : Mission : Dans cette colonne, notez ce que vous aimez faire. Relevez dans votre première colonne les choses que faites non seulement naturellement bien, mais que vous aimez faire et reportez les dans cette deuxième colonne. Et là, vous vous retrouvez systématiquement avec des choses que vous faites

bien et que vous aimez aussi faire. Si vous avez bien fait votre travaille, vous avez évité de vous censurer.

3 : Vocation : Dans cette troisième colonne, votre travaille d'entonnoir a dû réduire le contenu se trouvant dans les colonnes précédentes, et qu'à ce stade, vous n'avez plus que des choses que vous faites non seulement bien naturellement, mais que vous aimez faire par-dessus tout. Sélectionnez à présent parmi les éléments de la seconde colonne, les choses qui pourraient bénéficier l'humanité autrement dit qui pourraient améliorer la condition d'une ou de plusieurs personnes ou qui pourraient répondre à un besoin ou à une problématique.

4 : Métier : Dans cette quatrième colonne, il s'agira de « packager » votre vivier de passion - mission - vocation, de sorte d'en faire un produit, un service, une occupation. Ce sera ça votre métier pour lequel vous serez payé. Quand vous aurez fini ce travaille de tri, une occupation facilement monétisable doit sortir du lot. De là, vous pouvez entamer votre réflexion et peaufiner le concept chemin faisant pour aboutir à la découverte de la mission de votre vie. Vous verrez c'est très passionnant. Le plaisir qu'on a en pratiquant le PAMIVOM peut être si fort qu'on en oublie la notion du temps. Et tout ce qui nous entoure. La source de motivation que votre PAMIVOM vous apporte vous aide à déplacer des montagnes pour atteindre un objectif. Si vous deviez abandonner votre PAMIVOM, ça serait comme perdre une partie de vous ou vivre une grosse rupture amoureuse.

Abandonner votre véritable voie parce que quelqu'un d'autre ou quelque chose vous y oblige serait douloureux. C'est ce qui explique la connexion puissante qui vous relie à votre PAMIVOM. Ce n'est pas juste un hobby que vous aimez faire, il fait partie de votre identité. Lorsque vous pratiquez le test PAMIVOM, vous avez l'impression de faire quelque chose d'unique, que vous seul pouvez faire. Bien qu'il puisse être réalisé en poursuivant un but spécifique, une ambition ou un rêve, vous pouvez trouver votre PAMIVOM dans des activités plus simples. Par exemple, certains le trouvent en s'occupant de leur famille. D'autres en pratiquant un sport ou un art. Il n'y a pas un PAMIVOM meilleur qu'un autre. Il existe une quantité illimitée de possibilités différentes. Le principe fondamental d'un véritable PAMIVOM est qu'il vous aide à développer votre potentiel et enrichit votre propre vie. Mais il améliore aussi la vie de votre entourage. Il s'agit donc de trouver quelque chose que nous aimons faire en développant nos talents tout en apportant de la valeur aux autres. La question à ce stade est : qu'est-ce que vous aimez faire qui procure de la valeur aux autres ? Le PAMIVOM nous pose un défi personnel, sans aucune pression, afin que nous puissions nous améliorer avec le temps.

Voici un plan d'action efficace pour donner une directive claire à votre subconscient, mais aussi soutenir vos séances de visualisation créatrice. Amusez-vous bien avec ce plan sans aucune pression particulière.

PLAN D'ACTION

Voici une ligne d'action de 21 jours pour imprimer votre nouvelle vision dans votre inconscient et mettre à l'épreuve ce que vous avez appris avec ce quatrième principe qu'est la part de la définition d'objectif dans votre démarche de créer une vie sur mesure. Je vais alors vous proposer un test de 21 jours. Ce test n'est rien d'autre que celui qu'à suggérer Napoléon Hill et ensuite repris par Earl Nightingale. Donc autant vous dire qu'il faudra l'appliquer rigoureusement si vous voulez voir apparaître les changements que vous souhaitez dans votre vie. Ce plan d'action vous permettra d'entretenir un désir ardent qui est une condition sine qua non pour votre réussite. Car sans ce désir, votre objectif est comme un château de cartes qui s'écroule à la moindre secousse. Prenez un carnet, un bout de papier ou une carte et procéder comme suit :

> 1 : Déterminez dans votre tête exactement l'objectif que vous voulez voir se manifester dans votre vie. Il ne suffit pas seulement de dire je veux réussir ou je veux du succès. Fixez votre objectif avec précision.
>
> 2 : Notez en quoi consiste l'activité, avec le plus de détails possibles. A ce stade, une image claire de l'activité pouvant mener à la réalisation de votre idéal doit être nette dans votre imagination. Traduisez-la sur le papier pour lui donner vie. Précisez nettement ce que vous comptez donner en échange car sachez qu'on n'a jamais rien pour rien.

3 : Fixez clairement la date à laquelle vous voulez voir votre objectif se concrétiser.

4 : Etablissez un plan rigoureux pour réaliser votre désir et commencez immédiatement, que vous soyez prêt ou non, à le mettre en œuvre. N'attendez pas d'avoir un plan révolutionnaire, commencez là où vous êtes et perfectionnez le plan chemin faisant. 5 : Maintenant rédigez sur le papier, avec clarté et concision, l'objectif que vous voulez atteindre, ce que vous comptez donner et en quoi consiste l'activité. Fixez-vous une limite pour l'acquérir et décrivez clairement les plans dont vous disposez à ce jour pour manifester votre idéal et les étapes du plan que vous comptez suivre. 6 : Lisez à haute voix ce que vous avez couché sur papier, deux fois par jour. Faites-le avant d'aller vous coucher le soir et une fois le lendemain au réveil. Quand vous procédez à cette lecture, imaginez que vous êtes déjà en possession de l'objet, situation, circonstances ou conditions désiré, et soyez en persuadé.

D'après Napoléon Hill, il est impératif de suivre ces instructions à la lettre. Peut-être il vous sera difficile de vous imaginer d'être en possession de votre souhait avant de l'avoir vraiment. C'est là que le désir brûlant de réaliser votre idéal vous viendra en aide. Si votre désir est d'une telle intensité, alors croyez-moi vous n'aurez aucune difficulté à vous convaincre que vous l'obtiendrez. Souvenez-vous, le but ici et de donner une direction à votre subconscient pour qu'il travaille pour vous de manière automatique comme nous le verrons dans le chapitre suivant.

S'il vous arrive de sauter un jour, recommencez à zéro car ce n'est pas pour rien que je vous suggère ce test pour 21 jours et voilà pourquoi :

Les psychologues ont démontré qu'il faut entre 21 et 66 jours sans interruption pour acquérir peu à peu une nouvelle habitude. Ce ne sont que des chiffres qui nous donnent une simple tendance bien entendu car tout dépend du contexte, de la personne et de l'environnement. Cependant, une récente étude démontre que les habitudes, surtout quand elles sont contraignantes mais nécessaires, comme un régime sévère prescrit pour des raisons médicales, demandent 21 jours pour devenir automatiques et 66 jours pour devenir naturelles et parfaitement intégrées. La barre des 21 jours reste un cap suffisant quand vous voulez vraiment établir de nouvelles habitudes comme celle de transmettre votre objectif à votre subconscient.

CHAPITRE 4 : L'IMAGINATION EST LA SOURCE ET L'ATELIER DE TOUTE CREATION

« Tout ce que l'esprit de l'homme peut imaginer, l'homme peut le réaliser. L'imagination est littéralement l'atelier où s'élaborent tous les plans. C'est le lieu où la faculté imaginative de l'esprit donne forme à l'impulsion et au désir et prépare à l'action ». Napoléon HILL

Nos actions, nos sentiments, notre comportement sont le résultat de nos propres imaginations et croyances. Il est parfois difficile de déterminer comment le caractère, les capacités, l'accomplissement, la réalisation, l'environnement et les conditions peuvent être contrôlés par le pouvoir de l'imagination. Plusieurs plans de réalité entrent ici en jeu, mais comme promis, nous nous arrêterons seulement au plan de la réalité physique. C'est connu et communément accepté que ce que nous pensons ou imaginons détermine notre attitude qui est comme nous l'avons évoqué la pensée en action. Les images mentales nous donnent la possibilité d'expérimenter de nouvelles attitudes, ce que nous ne pourrions pas faire sans leur aide. A son tour notre attitude détermine notre condition, les circonstances de notre vie, notre caractère, en d'autres termes la qualité de notre vie entière. De ce fait, si vous souhaitez provoquer la réalisation d'un désir, formez une image mentale de son accomplissement dans votre esprit par votre pouvoir d'imagination. Revisitez constamment et consciencieusement votre image, vous forcerez ainsi sa réalisation. Vous l'extérioriserez dans votre vie par cette méthode scientifique Psychologiquement parlant, ce processus de pensée crée des impressions dans votre esprit pour ne pas dire cerveau, ces impressions forment des concepts et des idéaux qui constituent, à leur tour, les plans à partir desquels votre désir émergera. Si nous nous imaginons agissant d'une certaine manière, c'est déjà presque la même chose que de le faire réellement. L'exercice mental nous aide fortement à progresser comme tous les sportifs de haut niveau le savent de nos jours.

Cependant, votre imagination doit toujours comporter une connotation affective. Les psychologues nous disent qu'il n'y a qu'un sens, le sens du sentiment, et que tous les autres sens ne sont que des modifications de ce sens unique. Cela étant vrai, nous savons pourquoi le sentiment est la véritable source du pouvoir, pourquoi les émotions triomphent si facilement de l'intellect et pourquoi nous devons habiller de sentiments nos pensées si nous souhaitons des résultats. Pensée et sentiment forment un duo irrésistible.

L'imagination doit, bien entendu être toujours dirigée par la force de votre volonté. Vous devez toujours imaginer ce dont vous voulez et non ce dont vous ne voulez pas. Il ne faut surtout pas la laisser se déchaîner car l'imagination est un bon serviteur mais un pauvre maître. A défaut d'être contrôlée, elle peut littéralement précipiter notre chute. Quand je dis contrôler, je parle aussi bien d'images mentales positives de ce que nous voulons se produire dans notre vie, mais aussi de ce que nous savons scientifiquement vraies. Analysez rigoureusement vos idées, et n'acceptez rien qui ne soit scientifiquement vraies ou humainement réalisable. Grâce au pouvoir de l'imagination, l'homme moderne à découvert et exploité plus de force de la nature que toute l'histoire de l'espèce humaine. Et croyez-moi, nous sommes encore très loin d'avoir atteint les limites de ce dont nous sommes capables. D'aucun dirait que les seules limites, dans la mesure du raisonnable, sont de l'ordre du développement de notre imagination et de l'usage que nous en faisons. Votre imagination est l'endroit où la magie opère, c'est là que germe le succès et vous en récoltez les fruits en restant concentré sur votre objectif ultime. Imaginez ce que vous voulez comme vie, trouvez votre passion et faites ce qui vous rend heureux. Si vous allez travailler pendant une cinquantaine d'années, faites quelque chose que vous voulez vraiment faire. Arrêtez-vous un instant, dans dix ans, que vous voyez-vous faire si vous continuez à vivre de la même façon ?

Voyez-vous la grandeur et le succès ou la médiocrité et l'échec ? Si vous n'intervenez pas maintenant, vous resterez dans cette vie moyenne et mènerez une vie de médiocrité, confinée à une vie qui n'utilisera pas tout votre potentiel, ne soyez pas seulement un esclave, soyez un chasseur de rêves, un chasseur de buts et le commandant de votre vie.

Commencez à utiliser votre imagination pour envisager la meilleure vie pour vous sous tous ses aspects : santé, richesse, spiritualité, abondance, amour et bonheur. Soyez dans une attente positive que vous obtiendrez cela si vous prenez les bonnes mesures d'action qui sont nécessaires pour vous amener à l'endroit où vous souhaitez être. Vous devez aligner votre esprit et vos actions sur vos objectifs. Utilisez votre imagination pour vous voir vivre maintenant dans votre vie idéale, voyez-la avec clarté, avancez dans le temps et voyez-vous être et avoir tout ce qui vous fait rêver, votre caractère, la richesse, votre famille, votre spiritualité, votre abondance et votre bonheur. En avançant dans le temps dans votre esprit, vous pouvez voir ce que vous voulez, une fois que vous faites cela, vous pouvez voir ce que vous devez faire pour vous emmener là où vous voulez être. Dans dix ans, vous serez plus déçu par les choses que vous auriez pu faire quand vous en avez eu la chance. C'est étonnant de voir combien de personnes diffèrent de la vie, ne vivent pas, elles semblent tergiverser à propos de tout ce qui compte le plus et se réfugient quotidiennement dans la procrastination,

Alors pour vous guider dans l'utilisation de votre imagination afin de créer la vie sur mesure que vous souhaitez, je vous propose deux formes d'imaginations. Les mêmes que Napoléon Hill a suggéré dans son œuvre « THINK AND GROW RICH". L'une s'appelle "l'imagination combinatoire" et la seconde "l'imagination créatrice ». Pour que ce soit compris sans ambiguïté, appelons « la création » et « l'amélioration »

Comme nous avons dit plus haut, l'imagination est l'atelier de toute création. Dès lors que vous avez décidé de créer ou changer votre condition, vous allez devoir compter sur cette faculté naturelle présente chez tous les humains. Cette faculté est d'ailleurs avant tout un mécanisme de survie avant d'être un mécanisme de croissance. C'est à travers cette imagination que vous donnez l'ordre à votre corps de réagir adéquatement en cas de danger. Dans le cas qui nous concerne, c'est à dire créer la vie à laquelle nous aspirons, l'imagination nous servira à influencer notre subconscient de notre souhait pour faire marcher notre mécanisme automatique, mais aussi d'élaborer des plans pour attirer en nous les circonstances et conditions conséquences de notre imagination. Voici comment ça marche :

1 – LA DEMARCHE AMELIORATRICE : Cette faculté permet d'opérer de nouvelles combinaisons à partir de concepts, d'idées ou de plans déjà existants. Elle ne crée rien. Elle opère simplement avec le matériau dont elle est nourrie et qui peut être liée à l'expérience, à l'éducation ou à l'observation. C'est cette faculté dont se servent la plupart des inventeurs, des entrepreneurs et certains métiers artistiques. D'autres inventeurs et entrepreneurs pour la plupart du temps reconnus comme étant des génies, font appel à l'imagination créatrice, quand le modèle combinatoire échoue à résoudre leur problème. L'imagination combinatoire est la plus utilisée car elle opère de façon automatique lorsqu'elle est stimulée par la force émotionnelle d'un puissant désir. L'imagination est un processus très courant. Au cœur de notre vie psychique, elle nous sert à explorer le monde mentalement et à faire les expériences de pensée nécessaires pour prendre des décisions et résoudre des problèmes. Lorsqu'elle se met au service de la création, l'imagination devient cette capacité à féconder le réel d'idées nouvelles, à inventer des manières de bousculer un ordre établi.

2 – LA DEMARCHE CREATRICE : Selon certains, cette faculté permet à l'esprit humain qui est fini, d'entrer directement en contact avec l'intelligence infinie, qui est la source des "intuitions" et des "inspirations" et que par le

truchement de cette faculté que les idées fondamentales ou nouvelles sont transmises à l'humanité. L'imagination créatrice est l'outil le plus dramatiquement merveilleux que la vie nous a donné. C'est par elle que Dieu fait de l'homme un instrument de création. L'imagination créatrice forme le moule par lequel le processus créatif de la vie travaille à la production de l'univers visible. Ce que l'homme peut imaginer, l'homme peut le réaliser. Ainsi, l'imagination créatrice devient source de différences, de diversités et de matérialisation, car rien ne se passe dans le monde tangible, sans avoir été imaginé dans le monde immatériel de la pensée ou si vous voulez de l'imagination. Les grands chefs d'entreprise, les grands industriels et les grands financiers, tout comme les grands artistes, les grands musiciens, les grands poètes et les grands écrivains, sont devenus ce qu'ils sont parce qu'ils ont développé leur imagination créatrice.

En définitif, je dirais que les deux formes d'imagination sont toutes précieuses pour votre démarche parce qu'elles agissent conjointement, sans ligne de démarcation. Il est d'ailleurs souvent difficile de dire où l'une se termine et où commence l'autre.

Maintenant que nous avons vu ensemble la part que votre imagination pourrait jouer dans le développement de votre instinct de réussite, voyons à présent de quelle manière l'utiliser afin de convertir votre désir en réalité physique.

Commençons d'abord par le développement de la démarche amélioratrice car c'est cette dernière que vous utiliserez le plus souvent.

Pour transcrire votre idéal dans la réalité matérielle, vous allez avoir recours à un plan ou à des plans. Pour faire ces plans, seule l'imagination pourra vous venir en aide. Vous allez essentiellement solliciter votre imagination combinatoire ou amélioratrice étant donné que vous puiserez dans votre expérience, dans votre éducation et dans ce que vous avez pu observer lors de vos interactions et aussi suivant vos centres d'intérêts. Commencez d'abord à faire travailler votre imagination à l'élaboration d'un plan pour transformer votre désir en réalité. Submergez votre esprit de votre désir de telle sorte que votre subconscient siège de toutes vos expériences passées, une fois avoir compris et accepté votre requête, va aller fouiller dans votre bibliothèque interne et vous sortir tous les dossiers inhérents à la nature de l'objet de votre imagination. Ensuite écrivez tout ce qui vous semble être en rapport de près ou de loin à votre objectif et commencez à élaborer votre plan. Ne vous découragez pas si au départ des idées farfelues s'y glissent, vous allez parfaire vos plans chemin faisant. Vous allez constater l'effet de puissance que cela va engendrer chez vous, car dès l'instant vous aurez mis votre plan par écrit, vous sentirez définitivement avoir donné une forme concrète à votre désir. Et par ce seul geste, vous venez de changer la donne en montrant à votre subconscient que votre démarche est sérieuse. Il peut arriver que ni la somme de vos expériences passées, ni celles qui sont disponibles ou en tout cas connues ne règlent votre besoin de créativité ou de l'accomplissement de votre image. Alors, c'est là où votre cerveau se met à s'élever à un plan supérieur pour se connecter à l'intelligence universelle que d'autres appelleraient le champs Akashi que.

Comme j'ai promis de m'en tenir à une vision de plan inférieur, je n'irais pas développer cette théorie. Mais il se passe une sorte de déclic et votre cerveau commence à entrevoir de bribes d'idées et de suggestions qui vous mènent selon le principe du servomécanisme vers la révélation de la formule. Gardez alors votre concentration ferme, constante et enthousiaste un certain temps jusqu'à ce que votre subconscient comprenne le sérieux de votre démarche et ensuite relaxez-vous et laissez-le faire. Au moment où vous serez au repos total, des flashs vont venir sous forme d'inspiration ou alors sous forme de révélation. Il faudra un certain entrainement pour pouvoir déchiffrer ces précieux messages, mais à tous les coups vous y arriverez si votre désir est intense. Et c'est que nous nommons démarche créatrice. C'est là où vous devez avoir une confiance absolue en votre intuition.

Pour revenir à la pratique de l'imagination, lorsque vous imaginez quelque chose, cela signifie que vous formez dans votre esprit des images de quelque chose qui n'est pas encore perçu à travers vos cinq sens bien que vous puissiez dans votre imagination. Vous avez la capacité de créer dans votre esprit toutes sortes d'objets, de scènes mentales et d'événements qui ne se seraient peut-être jamais produits auparavant ou qui pourraient ne pas se produire dans un avenir proche. Nous avons tous la capacité d'utiliser notre imagination quand bon nous semble. Parfois, l'imagination devient très élevée chez certaines personnes et peut se manifester sous une forme plus faible chez d'autres. La façon dont l'imagination se manifeste varie à des degrés divers selon les personnes.

Vous pouvez faire l'expérience de nouveaux mondes dans votre esprit avec le pouvoir de l'imagination. Vous pouvez prendre une situation ou tout ce qui se passe dans votre vie et utiliser votre imagination pour vous aider à la regarder d'une autre manière. Vous pouvez explorer les situations futures et passées. Vous pouvez également l'utiliser pour vous aider à guérir de situations dans votre vie qui pourraient vous avoir blessé d'une certaine manière. Vous êtes libre de voyager et de faire n'importe quoi quand vous utilisez votre imagination. Vous pouvez effectuer toutes sortes de tâches et survivre à de nombreuses circonstances qui pourraient être désagréables.

La rêverie ou la contemplation se produisent souvent lorsque vous utilisez ce type de capacité et que celle-ci commence à se manifester sous différentes formes. La rêverie peut vous jouer des tours quand elle n'est pas contrôlée. Si vous vous ne la canalisez pas elle peut faire de vous un rêveur, mais parfois, une rêverie bien calibrée peut aider à apporter soulagement et calme. Cependant vous ne devriez rêver que lorsque vous n'êtes pas en train de faire quelque chose. La rêverie est le seul moyen d'apprendre le véritable pouvoir de l'imagination et comment il peut vous aider à vous détendre.

LES AFFIRMATIONS POSITIVES
« Les phrases qui font du bien »

Les pensées positives mènent toujours au succès et au bonheur, alors pourquoi ne pas commencer dès maintenant à transformer vos pensées négatives. Répéter des affirmations positives quotidiennement est une excellente façon d'arriver à transformer les pensées négatives en pensées positives. Il est bon de répéter le plus souvent possible ces affirmations afin de reprogrammer votre subconscient avec de nouvelles formes de pensées positives. Tout le monde mérite le succès, la santé, l'amour, le bonheur, la joie et la prospérité. La source est illimitée et intarissable. Les affirmations offrent une voie puissante pour créer des changements dans votre vie. Les affirmations sont des états positifs qui aident votre conscience à se maintenir dans un état favorable.

Dans cette dernière partie de votre livre de visualisation créatrice, je vous propose d'inclure les affirmations pour vous approprier les idées développées ici. C'est l'un des outils les plus puissants pour transformer radicalement votre vie sur mesure.

C'est par des affirmations positives quotidiennes que nous pouvons parvenir à transformer notre vie. Et pour cela, il est bon de répéter le plus souvent possible ces affirmations afin de reprogrammer notre subconscient avec de nouvelles formes de pensées positives et créatrices du BON. Les pensées positives mènent toujours à un meilleur épanouissement personnel et au bonheur, alors pourquoi ne pas commencer dès maintenant à transformer nos pensées négatives en pensées positives. Tout le monde mérite la Réussite, la Santé, l'Amour, le Bonheur, la Joie et la Prospérité. La Grande Source est illimitée et intarissable, alors ne soyons pas vaniteux puisqu'il y aura toujours assez de Bienfaits et d'Abondance pour tout le monde.

Une affirmation est une déclaration énergique, positive que quelque chose que nous cherchons à réaliser est déjà ainsi. C'est un moyen de raffermir ce que vous visualisez. Vous êtes certainement conscients du " dialogue " intérieur presque incessant : votre esprit est occupé à se " parler " à lui-même, engagé dans une discussion sans fin sur les éléments de votre vie, le monde, vos sentiments et émotions, vos problèmes, les autres etc.... Notez que les idées et les mots qui traversent votre esprit sont très importants. Car ils sont en eux-mêmes des affirmations puissantes. Apprendre à les diriger et surtout à les aligner à ce que nous voulons voir se réaliser dans notre vie est impératif. Voici alors quelques affirmations extraites du livre de Louise Hay l'experte par excellence d'affirmations puissantes.

La philosophie de vie

L'Univers Infini dans lequel je me trouve est complet et parfait, et ma vie évolue constamment. Il n'existe ni début ni fin, mais seulement un cycle éternel de substances et d'expériences. Rien dans la vie n'est statique, car chaque instant se manifeste par sa nouveauté et dans toute sa fraîcheur. Je suis UN avec la Puissance qui m'a créé(e), et qui m'a donné le pouvoir de créer mes propres expériences, bien précises, et toujours merveilleusement adaptées pour mon évolution qui est et qui reste unique. Je me réjouis de savoir que je suis le maître de mon esprit. Chaque instant de la vie est un nouveau départ et me donne l'occasion de me démarquer du passé. Ce moment même est un point de départ pour moi, ici et maintenant. Et tout est bien dans le monde qui est le mien.

Le dépassement des problèmes

L'Univers Infini dans lequel je me trouve est complet et parfait. Je suis toujours guidé(e) et protégé(e) par une Force Divine Supérieure et Aimante. Je peux regarder en moi en toute sécurité. Je peux regarder mon passé en toute sécurité. Je peux élargir ma vision de la vie en toute sécurité. Je suis beaucoup plus que ma personnalité présente, passée ou à venir. Je choisis maintenant de dépasser mes problèmes personnels afin de reconnaître la magnificence de mon être. Je suis totalement désireux(se) de m'aimer comme je le mérite. Tout est bien dans le monde qui est le mien.

Le passé

L'Univers Infini dans lequel je me trouve est complet et parfait. Le passé n'a pas et n'a plus de prise sur moi, car je suis décidé(e) à apprendre autrement et à changer véritablement. Je considère le passé comme nécessaire à mon évolution. Je suis décidé(e) à commencer dès maintenant mon nettoyage mental. Et peu importe par où je débute, c'est pourquoi je commencerai par ce qui m'est le plus facile. Ainsi, je pourrai obtenir rapidement des résultats. Cette aventure de vie me passionne, car je sais qu'elle est unique. Et je suis bien décidé(e) à regagner ma Liberté. Tout est bien dans le monde qui est le mien.

Le changement

Maintenant je choisis calmement et objectivement de percevoir mes anciens schémas et je suis décidé(e) à faire fleurir de beaux et grands changements en plein cœur de ma vie. Je suis ouvert(e) à tout enseignement. Je veux et je peux apprendre. Je suis décidé(e) à changer. Et je décide de le faire dans l'Acceptation et dans la Joie. La découverte d'une pensée négative équivaudra pour moi à celle d'un trésor. Je me sens et je me vois changer d'instant en instant. Les pensées n'ont plus de pouvoir sur moi. Je suis le pouvoir dans mon monde. Car je choisis d'être libre. Tout est bien dans le monde qui est le mien.

L'amour de soi

Je suis mince. Je suis riche. Je suis éternellement jeune. Je déménage dans un endroit plus agréable. Je vis une nouvelle relation merveilleuse avec la vie dans sa globalité. Je suis moi-même. J'adore mon nez, mon corps, mes cheveux. Je suis plein(e) d'amour et d'affection. Je suis heureux(se) et libre. Je suis en excellente santé. Je suis décidé(e) de me libérer de la structure mentale qui a créé en moi des éléments négatifs. Et je suis engagé(e) dans un processus de changements positifs. Mon corps est beau et mince. Où que j'aille, je trouve de l'amour. L'endroit que j'habite me convient tout à fait. Je trouve un nouveau travail intéressant. Je suis maintenant très bien organisé(e). J'apprécie tout ce que je fais. Je m'aime et je m'approuve. Je sais que la vie m'apportera ce qu'il y a de mieux pour moi. Je mérite le Meilleur et je l'accepte maintenant. Je remercie.

L'attitude positive

L'Univers Infini dans lequel je me trouve est complet et parfait. Ma vie est sans cesse nouvelle. Chaque instant de ma vie est nouveau et intense. J'utilise ma pensée affirmative pour créer exactement ce que je veux. Ceci est un jour nouveau. Je suis une nouvelle personne. Je pense différemment. Je parle différemment. J'agis différemment. Donc les Autres me traitent différemment par élargissement. Mon monde nouveau reflète ma nouvelle pensée. Quelle joie de semer de nouvelles graines, car je sais que ces graines donneront naissance à mes nouvelles expériences ! ... Tout est bien dans le monde qui est le mien.

L'amour

L'Univers Infini dans lequel je me trouve est complet et parfait. Je vis en harmonie avec mon entourage. Il existe en moi une inépuisable et merveilleuse Source d'Amour. Je permets maintenant à cet Amour de se manifester. Il remplit mon cœur, mon corps, mon esprit, ma conscience. Mon être tout entier diffuse cet Amour, dans toutes les directions et il me revient encore plus fort. Plus je donne et plus j'exprime l'Amour, et plus je peux en offrir. Sa quantité et sa qualité sont infinies. Je me sens bien quand j'exprime cet Amour Elargi qui reflète ma Joie intérieure. Je m'aime, j'aime donc mon corps que je respecte. Et je lui apporte respectueusement la nourriture dont il a besoin. Je le soigne et l'habille comme il le mérite et il me répond en manifestant en retour son énergie et sa santé. Je m'aime, je me trouve donc un logement confortable, qui répond à mes besoins et où je me sens bien.

J'en remplis les pièces d'un Amour que ressentiront tous ceux qui y pénétreront. J'exerce une profession qui fait appel à mes talents et à ma créativité. Je travaille avec et pour des personnes que j'aime et qui m'aiment. Je gagne l'argent dont j'ai besoin. Je m'aime : donc je pense et je me comporte de telle sorte que l'Amour que je donne me revienne encore plus fort, car je suis conscient(e) de ce phénomène. Je n'attire à moi que des gens qui m'aiment, et qui reflètent positivement ma propre personne. Je m'aime, aussi je vis donc pleinement le présent, appréciant chaque instant et sachant que mon avenir est lumineux, car je suis un(e) Enfant aimé(e) de l'Univers. De cet Univers qui veille amoureusement et éternellement sur moi. Tout est bien dans le monde qui est le mien.

Le travail

L'Univers Infini dans lequel je me trouve est complet et parfait. Mes aptitudes, qui sont uniques, s'épanouissent et s'expriment pleinement, elles m'apportent Réjouissances, Satisfactions et Bonheurs. Je sais qu'il y aura toujours quelqu'un de prêt à recevoir mes services. Je suis toujours demandé(e) et je peux ainsi choisir selon mes vrais désirs et mes véritables aspirations. Je gagne bien ma vie grâce à un travail qui me plaît. Mon travail est une Source de Bonheur. Tout est bien dans le monde qui est le mien

L'abondance

L'Intelligence Divine m'apporte toutes les idées dont j'ai besoin. Aussi je réussis tout ce que j'accomplis. La prospérité est pour tout le monde, moi y compris. J'acquiers une nouvelle conscience de l'Epanouissement personnel. Et j'attire ainsi la Prospérité Divine. Mes résultats dépassent même mes espérances. Je reçois toutes sortes de richesses. Et des occasions inespérées se présentent à moi. L'Univers Infini dans lequel je me trouve est complet et parfait. Comme JE SUIS une partie de la Puissance qui m'a créé(e), je possède en moi tous les ingrédients pour réussir. J'autorise donc aujourd'hui la formule de la Prospérité à m'investir et à se manifester pour moi. Oui, je le demande. Ainsi, je réussirai tout ce que j'accomplirai. Et chaque expérience m'apportera son précieux et ultime enseignement. Je vais de succès en succès, sur le chemin de la gloire. Chacune des étapes que je franchis transcende la précédente. Je suis ouvert(e) à de nouvelles sources de revenus.

La santé

L'Univers Infini dans lequel je me trouve est complet et parfait. Je reconnais mon corps comme mon allié. Chacune de ses cellules renferme l'Intelligence Divine. J'écoute ce qu'il me dit, sachant que ses Messages sont très importants. Je vis toujours en sécurité, divinement protégé(e) et guidé(e). Je choisis la Liberté et la Santé. Tout est bien dans le monde qui est le mien.

Le moment présent

L'Univers Infini dans lequel je me trouve est complet et parfait. Chacun, moi inclus, fait l'expérience de la richesse et de la Plénitude de la Vie de la manière qui lui est appropriée. Aujourd'hui je regarde le passé avec Amour et je choisis de tirer les leçons qu'il m'apporte. Il n'y a ni juste ni faux, ni bon ni mauvais. Le passé est derrière moi. Seule l'expérience du moment importe. Je me réjouis de me libérer de ce passé et de m'ouvrir au Présent et à tout ce qu'il m'a généreusement préparé. Je partage ce que JE SUIS, car je sais que nous sommes tous un seul Esprit. Tout est bien dans le monde qui est le mien.

Le lâcher-prise

Je suis décidé(e) à lâcher prise. Je relâche. Je laisse aller. Je relâche toute tension. Je libère toute culpabilité. Je libère toute tristesse. J'abandonne tous mes blocages. Je me libère et je me sens en Paix. Je suis en Paix avec moi-même. Je suis en Harmonie avec la Vie. Je suis en pleine Sécurité.

Le pardon

Le changement est une loi naturelle de ma vie. Je l'attends avec Bonheur. Je suis en Accord pour changer. Je choisis de changer ma pensée. Je choisis de changer les mots que j'utilise. Je franchis, dans l'aisance et la joie, le Pont qui relie le passé au présent. Finalement, il m'est plus facile de pardonner que je ne le pensais. Le pardon me permet de me sentir libre et léger(e). C'est avec Joie que j'apprends à m'aimer toujours davantage et la démarche de pardon en fait aussi partie. Car plus je me libère de ma rancœur, et plus je peux exprimer mon Amour. Je me sens bien en changeant mes pensées. Et j'apprends à faire de ce jour un moment de Bonheur. Tout est bien dans le monde qui est le mien.

Nous sommes sur le point de nous séparer à présent car c'est ici où s'achève notre voyage. Ainsi, je vous réitère ma disponibilité pour vous accompagner dans cette démarche de croissance que vous venez d'entamer. Je vous laisse alors mes coordonnées que vous pourrez utiliser pour me contacter si vous cherchez une épaule amicale et surtout quelqu'un qui peut vous accompagner à mettre en place cette trame vous vous achevez la lecture. Suivez mon actualité et surtout mes coachings, séminaires et conférences à venir. Car comme je l'ai annoncé, ma mission est d'accompagner tout un chacun à devenir la meilleure version de ce qu'il peut être en lui fournissant les principes pour y arriver. La vie n'est pas une suite de hasard, sinon nous ne produirons que des résultats basés sur du hasard et l'expérience montre que tel n'est pas le cas. Alors la vie doit forcément être entité régit par des principes. Connaitre ces principes nous harmonise avec la marche des éléments et dès lors nous maitrisons par la même occasion. Ceci par la loi des lois je veux nommer celle de la liaison de cause à effet.

Mail : contact@mackauka.fr

Web : https://www.mackauka.fr

Téléphone : +33 6 61 19 14 22

Facebook et Instagram : #mackauka